Hamburg Altstadt

Führer zu archäologischen Denkmälern in Deutschland

Herausgegeben vom
Nordwestdeutschen Verband
für Altertumsforschung e.V.
vom West- und Süddeutschen Verband
für Altertumsforschung e. V.
und vom Mittel- und Ostdeutschen Verband
für Altertumsforschung e. V.
in Verbindung mit dem Helms-Museum
Hamburg-Harburg unter der Verantwortung
von Prof. Dr. Ralf Busch

Band 41

THEISS

Hamburg Altstadt

Mit Beiträgen von

Ralf Busch
Eckart Hannmann
Ole Harck
Torsten Kempke
Volker Konerding
Alexander Krauss
Andreas von Rauch
Ilse Rüttgerodt-Riechmann
Helga Schmal
Agnes Seemann
Maren Weidner
Ralf Wiechmann

Theiss

Die Deutsche Bibliothek – CIP Einheitsaufnahme

Ein Titeldatensatz für diese Publikation
ist bei Der Deutschen Bibliothek erhältlich

Bearbeitung und Redaktion:
Ralf Busch, Henrike Lohstroh, Christl Meyenburg

Umschlagbilder:

Hamburg im Jahre 1150, Lithographie von Peter Suhr, 1838,
Museum für Hamburgische Geschichte;

Kreuzfibel von der Domplatzgrabung; Helms-Museum/K. Elle;

Tatinger Kanne aus der Pressehaus-Grabung; Helms-Museum/K. Elle;

Speichenrad von der Reichenstraßen-Grabung; Helms-Museum/K. Elle.

Gestaltung und Satz: Christl Meyenburg
Druck und Bindung: Druckhaus Beltz, Hemsbach
Printed in Germany
ISBN 3-8062-1658-4

Vorwort

Die frühe Geschichte der Stadt Hamburg ist gekennzeichnet durch ein wahres Wechselbad an Höhen und Tiefen. Nach einem „furiosen“ Beginn mit der Errichtung des Kastells „Hammaburg“ bei einer bestehenden sächsischen Siedlung durch Karl den Großen und der Einrichtung eines erzbischöflichen Stuhls daselbst durch Ludwig den Frommen mit der Absicht, Hamburg zum Vorposten der Christianisierung des skandinavischen und slawischen Raums auszubauen, bereitete noch vor der Mitte des 9. Jahrhunderts ein Dänenüberfall der hoffnungsvollen Karriere ein jähes Ende. Erst in der Folge der Ostkolonisation im 12. Jahrhundert und später im Aufwind der Hanse konnte Hamburg auf den einst bedeutenden Grundlagen weiter aufbauen. Doch die Krönung ihrer Laufbahn erreichte die Stadt eigentlich erst im 17. Jahrhundert, nach dem Niedergang der Hanse und nach der Reformation, durch eine kluge Umorientierung auf den neuen Schwerpunkt des europäischen Handels im Westen. Damals entwickelte sie sich endgültig zu einer der bedeutendsten nordwesteuropäischen Handelsmetropolen.

Gerade aber die wechselvollen Anfänge der Stadt haben, vor allem, da wie üblich nur wenige schriftliche Zeugnisse über diesen Zeitabschnitt vorhanden sind, schon immer das besondere Interesse der Archäologie herausgefordert. Denn dem Boden waren und sind immer noch die meisten und auch aufregendsten Informationen über den spannenden Prozess der Stadtwerdung Hamburgs zu entlocken.

Doch angesichts des dicht besiedelten Altstadtgebietes erhält diese Herausforderung an die Archäologie keinen besonderen Akzent. Durch den großen baulichen Veränderungsdruck einer wirtschaftlich erfolgreichen Stadt entstehen in der Regel nur wenig Einblicksmöglichkeiten in deren Untergrund, meist begleitet von einem langwierigen Verhandlungsgeflecht, bedingt durch die Abwägung der unterschiedlichsten Interessen um das jeweilige Grundstück.

Für den Archäologen fanden sich daher immer die besten Möglichkeiten in der Folge großer Katastrophen, so verheerender Brände wie dem von 1842 oder der Zerstörungen des Zweiten Weltkriegs. Für die archäologische Erforschung der frühen Geschichte Hamburgs wurden vor allem die Möglichkeiten genutzt, die sich im Vorfeld des Wiederaufbaus nach 1945 ergaben und Gelegenheit boten, über größere Flächen die Altstadt auf ihre historischen Wurzeln hin zu untersuchen. Es ist sicher das besondere Verdienst Reinhard Schindlers, diese Gelegenheit gesehen und auch in entsprechendem Umfang wahrgenommen zu haben. Seine ausgedehnten Flächengrabungen im Hamburger Stadtkern haben seinerzeit großes internationales Aufsehen erregt.

In den dann folgenden Jahrzehnten boten sich Gelegenheiten zur archäologischen Erforschung der Hamburger Altstadt immer seltener. Jedoch wurden sie im Rahmen des Möglichen konsequent genutzt und führten dazu, das Bild über die Anfänge der Stadt weiter zu vervollständigen. Die Ergebnisse des langjährigen Bemühens um die Erforschung der Hamburger Altstadt werden im Band 41 der Führer zu archäologischen Denkmälern in Deutschland in übersichtlicher Form dargestellt und in der Zusammenschau neu bewertet. Ergänzt wird dieser erste Führer durch die archäologischen Schwerpunkte im Bereich der Hamburger Altstadt mit baugeschichtlichen Beobachtungen an noch stehenden historischen Gebäuden des Stadtkerns. Denn es gehört zum Wesen einer alten Stadt, dass noch Lebendiges und bereits Vergangenes eine untrennbare Symbiose bilden.

Mein besonderer Dank gilt an erster Stelle Herrn Prof. Dr. Ralf Busch und dem Helms-Museum in Hamburg-Harburg, dann auch den Mitautoren dieses Bandes vom Hamburger Denkmalschutzamt, die sich der Aufgabe gestellt haben, die spannende Geschichte der alten Hansestadt auf der Grundlage von Archäologie und Bauforschung einem hoffentlich großen Leserkreis näherzubringen, eine Geschichte, die viel spannender ist, als es so mancher ahnen mag.

Münster, im März 2002

GABRIELE ISENBERG
Vorsitzende des Nordwestdeutschen Verbandes
für Altertumsforschung e. V.

Inhalt

Hamburg zur Zeit Ansgars, Rekonstruktionszeichnung von Martin Schwemer, 1950

Allgemeine Beiträge

Forschungsgeschichte

Die Erforschung des Bodens nach Altertümern aus Vor- und Frühzeit hat sich in einem lange währenden Prozess entwickelt. Am Anfang steht eine bedeutende Persönlichkeit.

Albert Krantz (1448-1517)

Als humanistischer Gelehrter, Geistlicher und Syndikus hat er in vielfältigen Aufgaben gewirkt. Wir halten ihn als vielseitigen Autor in Erinnerung. In diesem Zusammenhang ist sein Werk „Metropolis" zu erwähnen, dessen Erstdruck in Latein postum 1548 in Basel erschien. Später kam noch eine deutsche Ausgabe heraus.

Hierin schilderte Krantz die Entdeckung von Fundamenten eines runden Turmes anlässlich der Einrichtung seiner Domkurie am Schopenstehl. Er deutete diese als Wohnturm aus der Zeit von Erzbischof Bezelin, dessen Bautätigkeit ihm aus den Quellen bekannt war. Krantz war ein authentischer Beobachter und Interpret von Entdeckungen im Boden von Hamburgs Altstadt, war also ein „Archäologe", lange bevor sich diese Wissenschaft entwickeln sollte. Jahrhunderte vergingen, bis neues Interesse an der Vorzeit erwachte.

Grabstein von Albert Krantz, heute im Museum für Hamburgische Geschichte

Hamburger Künstler entdecken die Vorzeit

Siegfried Detlev Bendixen (Kiel 1786-London nach 1864) wirkte als Landschaftsmaler seit jungen Jahren in Hamburg, bis er sich 1832 im London niederließ. Seine Radierung (in drei Varianten) „Hünengräber bey Volkstedt" (gemeint

Siegfried D. Bendixen, Hünengräber bey Volckstedt (Volksdorf), Radierung, Hamburger Kunsthalle

ist Volksdorf) zeigt erstmals vorgeschichtliche Denkmäler. Ein Interpret erkannte in dieser Darstellung: „Die künstliche Zurichtung der Landschaft auf das Heidnische ist in diesem Blatt besonders fühlbar."

Dokumentarischer, aber dennoch theatralisch inszeniert, treten uns zwei Lithographien entgegen, die Bendixen für einen Prospekt nach der Natur gezeichnet hat. Hier sind Objekte gezeigt, die sich antiquarisch ansprechen lassen.

Der Hamburger Maler Johann Jacob Gensler (1808-1845) hat mehrfach Hünengräber im süderelbischen Raum gezeichnet. Beide – Bendixen und Gensler – haben gefühlsbetont dargestellt und empfunden, mit den betreffenden Arbeiten aber noch kein wissenschaftliches Anliegen vertreten.

Das wissenschaftliche Interesse erwacht

1839 wurde der Verein für Hamburgische Geschichte begründet, der 1842 unter J. M. Lappenberg eine vorgeschichtliche Sektion einrichtete.

Nun begann auch das Sammeln von Gegenständen; die ersten Zugänge wurden aus Bergedorf geliefert.

Der große Brand von 1842 und die nachfolgenden Aufräumarbeiten verstärkten das Interesse an der Vergangenheit nachhaltig. Die Katastrophe wirkte stimulierend. So bildete sich 1848 die Kommission für die Sammlung hamburgischer Altertümer, in der u. a. der Maler Martin Gensler – Bruder des vorgedachten Malers – wirkte. Dadurch verstärkte sich der Sammeleifer und die wissenschaftliche Beschäftigung mit der Materie.

Beim Bau des neuen Rathauses wurden zahlreiche Fundamente freigelegt und dokumentiert. Dazu gehörten auch Substruktionen eines mächtigen Turmes, die mit der Alsterburg der Billunger gleichgestellt wurden. E. H. Wichmann hat sie 1888 monographisch veröffentlicht

Sigfried D. Bendixen, Altertümer der Schl. Holst. Patriotischen Gesellschaft Altona (1821), Lithographie, Hamburger Kunsthalle

und damit den ersten Grabungsbericht aus Hamburgs Altstadt vorgelegt.

Nach und nach formierten sich die Hamburger Museen, die alle auch vorgeschichtliche Sammlungen aufnahmen, deren Bestände aber überregional angelegt waren.

Naturgemäß hat das Museum für Hamburgische Geschichte dabei den Blick auf Hamburg im Vordergrund behalten, wogegen das süderelbische Helms-Museum (seit 1898) auf sein Einzugsgebiet beschränkt blieb. In diesem sind seit 1972 alle Hamburger Sammlungen aus der Vorgeschichte vereint worden.

Das Culturgeschichtliche Museum entstand 1871 (Vorläufer des Völkerkundlichen Museums ab 1878), das sogleich Johanna Mestorf (1828-1907) gewann, bis 1873 einen Katalog der vorgeschichtlichen Samm-

Sigfried D. Bendixen, Altertümer der Schl. Holst. Patriotischen Gesellschaft Altona (1822), Lithographie, Hamburger Kunsthalle

lung zu erstellen, eine beispielgebende Pionierarbeit, die bis heute eine wichtige Quelle geblieben ist. Seit 1923 hat in ihrer Nachfolge Gustav Schwantes bis 1929 als Kustos die Sammlungen betreut und ehrenamtlich die Bodendenkmalpflege im Kreis Harburg wahrgenommen.

Bodendenkmalpflege

In Hamburg hat diese zunächst Gustav Schwantes im Auge gehabt. Nach seinem Ausscheiden gelangte diese staatliche Aufgabe an die Universität. 1947 wurde sie am Völkerkundemuseum angesiedelt, wechselte 1957 an das Museum für Hamburgische Geschichte über, um 1965 in das Denkmalschutzamt der Kulturbehörde eingegliedert zu werden. Seit 1987 ist diese Aufgabe an das Helms-Museum übergegangen.

Die wachsende Bautätigkeit nach 1900 ließ manche Baubeobachtung zu, u. a. bei der Neugestaltung der Mönckebergstraße. Aber erst die Ausgrabungen auf dem Gelände des Pressehauses durch das Institut für Vorgeschichte der Universität im Jahre 1938 weckten das Interesse an Hamburgs Altstadtgeschichte.

V. Kellerman wurde hier tätig, und die Beobachtung von drei Grabenprofilen der Heidenwallbefestigung wurden als bedeutend erkannt. Darüber geriet in Vergessenheit, dass hier die einzige gemauerte Kloake der Altstadt beobachtet wurde, eine Entsorgungseinrichtung, die in Hamburg einmalig blieb. Die zahlreichen Funde wurden nicht gewürdigt und sind bisher unbearbeitet. Das gilt auch für den doppelt genähten Ledersack einer Geldbörse, die ein gutes Dutzend Rechenpfennige enthielt, die der frühen Neuzeit angehören.

Als 1947 Reinhard Schindler als erster staatlicher Bodendenkmalpfleger berufen wurde, stand er im wahrsten Sinne des Wortes vor einem Trümmerfeld. Hamburgs Altstadt war weitgehend kriegszerstört. Er begann begleitend zum Wiederaufbau, assistiert von Heino-Gerd Steffens, archäologische Unersuchungen durchzuführen. Sie begründeten damit die Mittelalterarchäologie in Hamburg, die bald überregional als beispielgehend gewürdigt wurde, wenn auch die finanziellen Notwendigkeiten Beschränkungen erforderten.

Dennoch hat Schindler schon 1947 systematische Ausgrabungen auf dem Domplatzgelände begonnen und ein Jahrzehnt fortgeführt. Sein Nachfolger Dietrich Bohnsack setzte dann andere Akzente. Erst Renate

Grabung Pressehaus 1938, lederne Geldbörse mit einer Auswahl von Rechenpfennigen

Schneider hat ab 1979 die Domplatzgrabung erneut aufgegriffen und vorläufig 1987 abgeschlossen.

Schindler und Steffens haben ihre Ergebnisse in Vorberichten immer rasch vorgelegt. Eine gründliche Nacharbeitung unterblieb aber mit wenigen Ausnahmen. Schindler hat erstmals eine Auswertung der Mittelalterkeramik aus Hamburg vorgenommen, die in mehreren Studien erschien.

Das Verständnis über seine Grabungsergebnisse auf dem Domplatzgelände war stark von historischen Daten geprägt, denen er seine Ergebnisse zuordnete. Domplatz bedeutete für ihn auch Hammaburg. Erst nach 1987 haben wir uns bemüht, die damaligen Ausgrabungen einer neuen Bewertung und ausführlicheren Betrachtung zuzuführen. Das mühsame Unterfangen, Altgrabungen erneut zu behandeln, kann nur schrittweise vorangetrieben werden. Erste Ergebnisse einer kritischen Überprüfung liegen nun vor und finden in dieser Publikation erstmals Berücksichtigung.

Wir lernen, mit bisher verfestigten Auffassungen über das Werden und Wachsen der Stadt behutsamer umzugehen. Nicht immer kann die Archäologie bestätigen, was die schriftlichen Quellen zu belegen scheinen, deren Aussagewert wir hoch anzusetzen geneigt sind.

Die Aussagemöglichkeit zu Hamburgs Mittelalterarchäologie werden in der Diskussion bleiben und müssen durch neue Ausgrabungen, wo immer und wann das möglich ist, neu belebt werden.

Altstadt, Neustadt, Hansestadt

Hamburg und die Schauenburger

Mit Übernahme der Landesherrschaft durch die schauenburgischen Grafen im 12. Jahrhundert entstand ein stabiles Machtgefüge, das zu einem deutlichen wirtschaftlichen Aufschwung im Raum zwischen Nord- und Ostsee führte. Ausschlaggebend dafür war Lothar von Supplinburg, Herzog von Sachsen, der später, im Jahr 1133, sogar als König Lothar III. den Kaiserthron bestieg. Er belehnte im Jahr 1110 den Edelmann Adolf von Schaumburg mit der Grafschaft Holstein-Stormarn. Zum Zeitpunkt seiner Einsetzung besaß der Schauenburger Adolf I. († 1130) nur eine sehr schmale Machtbasis. Zunächst beschränkte sich sein tatsächlicher Herrschaftsbereich – und anfangs auch der seines Sohnes Adolf II. (Graf 1130-1164) – auf das Umfeld der Neuen Burg in Hamburg. Als „Neue Burg“ wird eine Ringwallbefestigung jenseits der Alsterfurt bezeichnet, die im Winter 1953/54 entdeckt wurde, und zwar auf der in die Alster hineinragenden Landzunge, die heute im Osten mit der halbkreisförmig am Ufer des Nikolaifleets gelegenen Straße mit dem alten Namen „Neue Burg“ abschließt. Die Datierung durch beigefundene Pingsdorfer Keramik führte zur Deutung als einer bereits von Herzog Ordulf im Jahre 1061 angelegten Burg. Es handelt sich hierbei um einen ovalen Ringwall von etwa 100 Meter Innendurchmesser, der an seiner Sohle 15–17 Meter breit war. Riesige Holzmassen mussten für diesen an seinen Außenseiten aus Baumstämmen geschichteten Wall herangeschafft werden. Grobe Schätzungen belaufen sich auf etwa 50.000 Holzstämme, 300.000 Heideplaggen und fast 2 Millionen Marschsoden, die für den Bau Verwendung fanden. Diese Burg besaß vermutlich einen Hafen, wenngleich die archäologischen Untersuchungen keine klaren Aufschlüsse über sein Aussehen, ob Schiffslände oder Kaimauer, zulassen.

Während der 60er und 70er Jahren des 11. Jahrhunderts scheint es durch die Slawenüberfälle einerseits sowie durch die schwierigen Machtverhältnisse nach dem Sturz Erzbischof Adalberts andererseits zu einer wirtschaftlichen Stagnation gekommen zu sein. Offensichtlich waren die Neue Burg und der dazugehörige Hafen nicht mehr in Nutzung. Insgesamt kann für Hamburg in dieser Zeit ein besiedeltes Areal von ca. 15 Hektar angenommen werden. Entsprechend gering war vermutlich die Bevölkerung. Schätzungen gehen von etwa 600-800 Einwohnern aus. Diese Zahl findet ihren Niederschlag auch in den beiden zunächst bestehenden kirchlichen Einrichtungen Dom und Petrikirche.

Dies änderte sich erst, als Heinrich der Löwe Adolf II. durch die Belehnung mit dem ostholsteinischen Wagrien und Segeberg eine Machtgrundlage verschaffte, die die zukünftige Herrschaft der Schauenburger entscheidend beeinflusste. Da das Land den Grafen mit allen Herrschaftsrechten zustand, war der Grundbesitz mit einer entsprechenden Machtposition verknüpft. Diese Position konnte Adolf II. jedoch gegenüber den Dänen, den Slawen und den volksrechtlichen Gewalten nur dann behaupten, wenn weiterhin der sächsische Herzog ihm den Rücken stärkte. Als es zum Bruch zwischen Herzog Heinrich dem Löwen und Kaiser Friedrich I. sowie der 1179/80 folgenden Ächtung des Herzogs mit dem gleichzeitigen Verlust seiner Reichslehen kam, änderten sich deshalb zwangsläufig die Machtverhältnisse in Nordelbien grundlegend.

Hatte der junge Graf Adolf III. (Graf 1164-1225) zuerst noch für den Herzog gekämpft, wechselte er noch 1180 auf die kaiserliche Seite. Heinrich der Löwe wurde gestürzt und musste darauf nach England ins Exil gehen. Obwohl sich in Nordelbien die Grafengewalt weiter konsolidierte, stand nach wie vor ein Teil des Volksadels in Opposition zu den Schauenburgern. Um diese Anhänger des Welfen zu schwächen, vertrieb Adolf III. ihre Führer ins Exil nach Dänemark. Die gräfliche Herrschaft sollte durch die Anlage einer Kaufmannssiedlung in Hamburg weiter gestärkt werden. Hierzu gewann er 1188 Wirad von Boizenburg, der einer Gruppe von etwa 50 Kaufleuten vorstand. Als Areal der Neugründung stellte Adolf den gräflichen Ringwall in der Alsterschleife zur Verfügung. Der gesamte Innenraum des alten Walles wurde mit Sand und Lehm in großen Mengen aufgeschüttet und gleichmäßig zu einem hohen Plateau eingeebnet.

Danach konnte das etwa 3,2 Hektar große Terrain in gleichmäßige Baugrundstücke aufgeteilt werden. Um die Attraktivität der Neugründung entscheidend zu steigern, verlieh ihr der Graf das besonders fortschrittliche lübische Recht. Dazu gehörte das freie erbliche Eigentum an den Grundstücken ebenso wie die niedere Gerichtsbarkeit, ein großzügiges Marktrecht und Zollfreiheit in der Grafschaft Holstein. Zudem wurde den Siedlern die Benutzung der benachbarten Marschländereien und des „Alsterwerders" ausdrücklich verbrieft. Dieses bislang in die Jahre 1186 oder 1187 datierte Privileg ist aber weitaus jünger als zunächst angenommen. Dies trifft auch auf das berühmte Barbarossa-Privileg mit dem Ausstellungsdatum 7. Mai 1189 zu.

In dieser für Hamburg so wichtigen Urkunde garantiert der Kaiser den Siedlern der Neustadt u. a. freie Schifffahrt auf der Elbe von Hamburg bis zur Mündung sowie die Freiheit von Heeresfolge und Landes-

Das berühmte „Barbarossa-Privileg" für die Neustadt Hamburg datiert vom 7. Mai 1189, ist vermutlich erst zwischen 1224 und 1226 entstanden. Staatsarchiv Hamburg

verteidigung. G. Theuerkauf konnte nachweisen, dass inhaltliche Bestandteile und die Zeugennamen am Ende des Barbarossa-Privilegs ebenso zweifelhaft sind wie das aufgeführte Datum.

Das gesamte Schriftstück stammt vermutlich aus den Jahren zwischen 1225 und 1226. Ähnliches trifft auch auf das vorangehende Gründungsprivileg Graf Adolfs III. zu, was nicht 1186/87, sondern erst 1224 entstanden sein kann. Der Grund für die Entstehung der Fälschungen ist in den verworrenen politischen Zuständen der damaligen Zeit zu suchen. Adolf III. begleitete Kaiser Friedrich Barbarossa auf seinem Kreuzzug ins Heilige Land. Dieses Machtvakuum nutzte der nach England verbannte Heinrich der Löwe, um in sein angestammtes Herzogtum zurückzukehren. Die Altstadt zog daraus insofern Nutzen, als die für die Neustadt geltenden Rechte auch hierher übertragen wurden. Das vermutlich etwas inhaltsarme echte Privileg, das es vermutlich gegeben hatte, wurde somit angereichert und mit Urkunden auf den Namen Adolfs III. verwoben. So gelang es, die angestrebten Ziele doch langfristig zu erreichen.

Als Adolf III. 1192 in seine Grafschaft zurückkehrte, musste er sie regelrecht zurückerobern. Der Ausbau der Neuen Burg schritt dabei mit dem Bau der ersten öffentlichen Gebäude weiter voran: Auf dem westlichen Schenkel des alten Ringwalles entstand zunächst eine dem Heiligen Nikolaus geweihte Kapelle, die 1195 fertig gestellt wurde. Graf Adolf III. übertrug das Bauwerk mit allen zugehörigen Rechten dem für Hamburg zuständigen Domkapitel. Bald danach wurde die Kapelle vergrößert und zur Pfarrkirche des zweiten Hamburger Kirchspiels erhoben. Inwieweit eine an dieser Stelle zu vermutende Turmburg im Kirchturm der vergrößerten Nikolaikirche fortlebt, kann nicht entschieden werden. Wahrscheinlich noch vor 1195 errichtete man auf dem „Neuen Markt“ – dem heutigen Hopfenmarkt – das älteste Rathaus Hamburgs. Die älteste Nennung eines Münzhauses stammt aus dem Jahr 1189 und bezieht sich auf die gräfliche Neustadt.

Zwar versuchte Adolf III., seine Landesherrschaft durch weitere aktive Maßnahmen auszuweiten, aber nach dem Tod Kaiser Heinrichs VI. im Jahr 1197 brach der Konflikt zwischen Staufern und Welfen wieder aus. Nutznießer davon war Dänemark, dessen Expansionsbestrebungen auch Hamburg nicht ungeschoren ließ: 1201 erfolgte die Eroberung

Itzehoes und Plöns sowie die Besetzung Hamburgs und Ratzeburgs. König Otto IV., der seinen Herrschaftsanspruch im Reich gegen Philipp von Schwaben noch nicht endgültig durchgesetzt hatte, erkannte die dänische Besitzergreifung Nordelbiens an. Das eroberte Land wurde als Lehen an den aus Thüringen stammenden jungen Grafen von Orlamünde vergeben. Dieser setzte sich tatkräftig für die Entwicklung Hamburgs ein. So war es Graf Albrecht von Orlamünde, Statthalter des Dänenkönigs Waldemar II., der sich nach den drei Sturmfluten in den Wintern der Jahre 1216 bis 1219, die Hamburg in eine Wasserwüste verwandelten und ungefähr 30.000 Menschen das Leben gekostet hatten, energisch für den Wiederaufbau der Stadt eintrat. Eine besondere Rolle spielten in der Zeit der Dänenherrschaft die ersten Sturmflutschutzmaßnahmen, im Wesentlichen Wasserbau- und Deicharbeiten, die Katastrophen wie jene in den Wintern 1216 bis 1219 für die Zukunft weit gehend vermeiden sollten. Der sprunghafte Anstieg des Hochflutspiegels der Elbe im Laufe des 13. Jahrhunderts ist vermutlich als Folge der Kolonisierung und Eindeichung der Elbmarschen zu betrachten, die das Wasser stärker kanalisierten und das Areal der Überflutungsgebiete immer weiter einschränkten.

Durch die einsetzenden Baumaßnahmen wurden die praktischen Voraussetzungen geschaffen, die es ermöglichten, dass sich über Alster und Elbe allmählich eine urbane Bebauung entwickeln konnte. Zudem wuchs durch das günstige Agieren Albrecht von Orlamündes das doppelte Hamburg, die erzbischöfliche Altstadt und die gräfliche Neustadt, zu einem Organismus zusammen.

Die Gefangennahme des dänischen Königs Waldemar durch Heinrich den Schwarzen, Graf von Schwerin, und die damit verbundene Schwächung des Reiches, nutzte Adolf IV., der 1205 als Sohn des vertriebenen Adolf III. geboren war, zusammen mit einigen norddeutschen Fürsten, um die Herrschaft in der Grafschaft seines Vaters mit militärischen Mitteln zurückzuerlangen. Als Mitstreiter gewann er den energischen, seit 1219 amtierenden Erzbischof Gerhard II. von Bremen, Herzog Albrecht von Sachsen sowie Heinrich den Schwarzen von Schwerin. 1224 fuhren der Erzbischof und Adolf IV. über die Elbe und die Stör hinauf bis vor Itzehoe. Das Land fiel dem Grafen wieder zu, und Orlamündes Befestigungen wurden von Adolfs Leuten eingenommen.

Im Jahr 1225 wurde Albrecht von Orlamünde bei Mölln geschlagen. Nach der Erstürmung der Burg des dänischen Statthalters vor Hamburgs Toren im gleichen Jahr empfingen die Hamburger Adolf IV. dann in ihren Mauern. In diesem Zusammenhang ist die erstmalige urkundliche Erwähnung und Anerkennung einer städtischen Vertretung der Gesamtstadt Hamburg zu nennen, in der gleichzeitig die von seinem Vater der Neustadt gewährten Privilegien auf die erzbischöfliche Altstadt übertragen wurden. Inzwischen hatte der Dänenkönig 1226 mit der Rückeroberung Holsteins begonnen. Zur Entscheidungsschlacht kam es am Maria-Magdalenen Tage, am 22. Juli des Jahres 1227, bei Bornhöved. Die dänischen Truppen wurden geschlagen, der Dänenkönig musste fliehen. Der Sieg bei Bornhöved bedeutete nicht nur das Ende der Dänenherrschaft in Holstein, zugleich ermöglichte er den rasanten Aufstieg der Handelsstadt Lübeck – sie erhielt bereits 1226 die Reichsfreiheit – eine wichtige Voraussetzung für die Entwicklung der Hanse. Auch für Hamburg war nun der Weg in den Ostseeraum frei.

Kirchspiele und Alsterstau – Grundzüge der mittelalterlichen Stadtentwicklung

Kurz nach der Vereinigung von Alt- und Neustadt, um 1220, wurde zum ersten Mal das für die Gesamtstadt gültige Stadtrecht aufgezeichnet. Zwar ist der lateinische Text nicht überliefert, einzelne zitierte Textpassagen sowie übernommene Teile in das so genannte Ordeelbook, das 1270 entstandene Stadt- und Schiffrecht in norddeutscher Sprache, geben uns eine Vorstellung über dessen Aussehen. 1227 erfolgte die Abtretung aller stadtherrlicher Rechte des Erzbischofs (Altstadt) an die Schauenburger, wobei nochmals die Einheit der Stadt bekräftigt wurde. Zugleich entstand ein gemeinsamer Rat. Dom und Umgebung unterlagen jedoch weiterhin einer Immunität. Damit blieben die hier lebenden Bewohner von jeder weltlichen Gerichtsbarkeit ausgenommen und von allen städtischen Abgaben frei. Nachdem Ende des 13. Jahrhundert ein gemeinsames Rathaus an der Trostbrücke errichtet worden war, entstand hier mit dem Alsterhafen das Verwaltungs-, Rechts- und Handelszentrum Hamburgs. Wichtig für eine aufstrebende Handelsstadt war der Geldwechsel sowie die Versorgung mit guter Münze. Das Prägerecht selbst lag seit Adolf III. bei den holsteinischen Grafen aus dem Hause Schauenburg. Später wurde den Hamburger Bürgern im Jahr 1255 ein Aufsichtsrecht über die Münzstätte eingeräumt. Aus diesem Jahr ist auch der erste Münzvertrag Hamburgs belegt, und zwar mit Lübeck. 1293 konnte Hamburg die Prägestätte zunächst von den Schauenburgern pachten, am 5. November 1325 schließlich sogar kaufen. Damit ging das Münzregal, das heißt das Recht, das Münzwesen zu regeln, von den Landesherren auf die Stadt Hamburg über.

Die einseitigen Münzen (Brakteat) von Graf Adolf III. aus den Jahren 1189-1201 sind die ältesten bekannten Prägungen aus Hamburg. Museum für Hamburgische Geschichte. Münzkabinett

Die Frömmigkeit spielte im Leben der mittelalterlichen Menschen eine entscheidende Rolle. Deshalb war die Entwicklung der Stadt untrennbar mit dem Bau von Kirchen, Klöstern und Spitälern verbunden. Diese Sakralbauten bestimmten deutlich das Gesicht der Stadt – auch außerhalb der Stadtmauern, sie waren Zentren in der Stadt und in den Stadtvierteln. Zeigten die wenigen kirchlichen Bauwerke im 9. bis 12. Jahrhundert einen deutlichen Zentralismus, entwickelte sich danach eine differenzierte, dezentrale Sakraltopographie.

Deutlich zeigt sich, dass mit der Erschließung neuer Stadtareale die Menge der Kirchen zunimmt, ja sogar der Neubau von Kirchen maßgeblich Impulse für die Aufsiedlung neuer Kirchspiele gegeben hat. Mit der Zunahme der Bevölkerung wuchs auch die Größe der jeweiligen Pfarrkirche. Jeder der verschiedenen Sakralbauten hatte seine eigene bauliche Gestalt, künstlerische Ausstattung und Funktion. So hatte der Dom seine Bedeutung für die norddeutsche Region, die Bettelordensklöster und –kirchen für die ganze Stadt, die Pfarrkirchen für die Kirchspiele, die kleinen Klöster und Spitäler für die, die ihnen zugewandt waren, die kleineren Kirchen und Wallfahrtsstätten für jene, die sie finanziell unterstützten und besuchten.

Im 11., 12. und 13. Jahrhundert kam es zu einem massenhaften Zuzug von Handwerkern in die Städte, in denen sich schnell eine zunehmende Handelstätigkeit entfaltete. Da diese schnelle und starke Konzentration der Handwerker zwangsläufig dazu führte, dass es zu einer ökonomischen Schwächung durch zu starke Konkurrenz kam, schlossen sich seit dem 12. Jahrhundert in vielen deutschen Städten selbst-

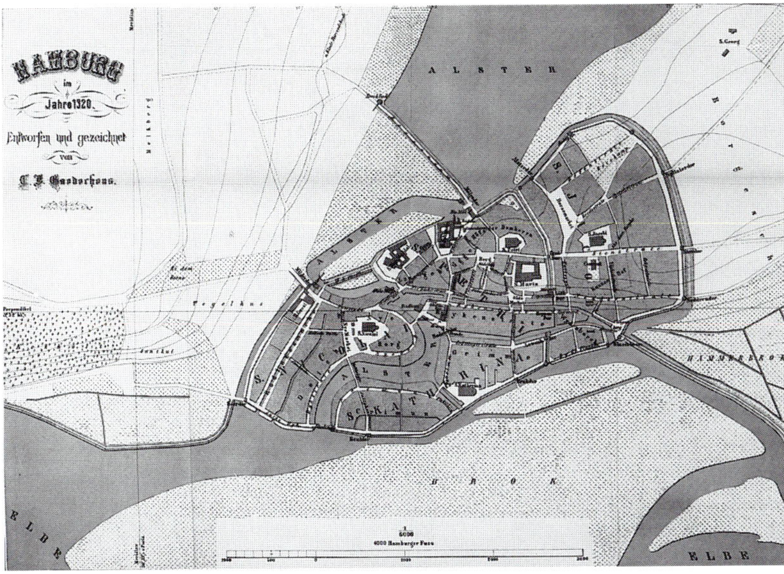

Hamburg besteht aus verschiedenen Kirchspielen, von diesen sind jene mit den Kirchen St. Petri und St. Nikolai die ältesten. Es folgten das Katharinen- und das Jakobikirchspiel in den 40er bzw. 50er Jahren des 13. Jhs. Plan von Hamburg. Aus: Gaedechens 1880, Faltkarte

ständige Handwerk- und Gewerbetreibende zu Zünften, Gilden und Innungen zusammen. In Hamburg wurden diese Zusammenschlüsse als Ämter bezeichnet. Die Ämter waren gegenseitige Hilfs- und Unterstützungsorganisationen in Fällen von Krankheit und Tod, sie sicherten den einzelnen Mitgliedern ein ausreichendes Einkommen und boten Schutz vor den Unsicherheiten des Marktes. Ihre wichtigste Aufgabe war die Einschränkung des Konkurrenzkampfes. Dies wurde zum einen durch Preisabsprachen, zum anderen durch die Festsetzung von Anzahl und Größe der Handwerksbetriebe geregelt. Die Ämter vertraten so das Gemeininteresse der amtsangehörigen Berufsgenossen nach außen wie nach innen, was mit strengen Satzungen und Ordnungen einherging.

Die Gewerbe-Topographie des mittelalterlichen Hamburgs, die als soziales Merkmal den Besitz oder Besitzanteil an einem Grundstück bzw. an Haus oder Boden zwischen 1371 und 1400/1410 anzeigt, stützt sich auf die ausgewerteten Angaben aus dem Rentenbuch der Stadt und

Das Hamburger Stadtrecht von 1497 ist in einer kostbar illustrierten Fassung erhalten.
Bild P der Handschrift behandelt das Schiffsrecht und zeigt einen Blick in den alten Hafen der Stadt.
Staats- und Universitätsbibliothek Carl von Ossietzky, Hamburg

wurde durch weitere Quellen ergänzt (Pfundzolllisten, Testamente, Handlungsbuch). Im Rentenbuch wurden Besitzbewegungen auf dem städtischen Grundstücksmarkt verzeichnet. Obwohl die Kartierung gegenüber der hohen Gewerbedifferenzierung vereinfachen muss, und nicht alle Gewerbe aufgenommen werden konnten, lassen sich in bestimmten Straßen Wohnlage und Beruf in Verbindung bringen. Deutlich können Stadtbereiche, in denen vornehmlich bestimmte Berufsgruppen wohnten, von solchen mit einer gewerblichen Mischstruktur unterschieden werden. Das Stadtbild um den Dom, Petrikirche sowie Fischmarkt wurde von den hier zahlreich ansässigen Handwerkern geprägt. Im Süden der bischöflichen Altstadt hatten sich wohlhabende Kaufleute entlang des später nach ihnen benannten Reichenstraßenfleets niedergelassen. Auch in der gräflichen Neustadt, auf dem Gelände der ehemaligen Neuen Burg angelegt, siedelten sich auf den in der Alsterschleife gelegenen Grundstücken vor allem Kaufleute an. Im Süden dieses zweiten Hamburger Nikolai-Kirchspiels ließen sich entlang des Rödingsmarktes neben Kaufleuten bevorzugt Schiffer, Bootsmacher, Brauer sowie Böttcher nieder.

In der ersten Hälfte des 13. Jahrhunderts wurden die im Katharinen-Kirchspiel gelegenen Marscheninseln Cremon und Grimm eingedeicht und parzelliert. Die größeren Grundstücke nutzten Kaufleute für Häuser und Speicher, während sich gewerbetreibende Handwerker und Arbeitsleute auf kleineren Parzellen niederließen. Auch das bedeutende Hamburger Braugewerbe und zahlreiche Böttchereien fanden hier einen günstigen Standort.

Einige Jahre später wurden auch die östlich der Altstadt gelegenen Ländereien in das Stadtgebiet einbezogen. Hamburgs viertes Kirchspiel um Jacobi, zunächst noch nicht mit in die Stadtbefestigung einbezogen, umfasste neben wohlhabenden Hamburgern mit ihren Gartengrundstücken Gemüsebauern und Grünhöker, aber auch Fuhrleute und Herbergswirte, die sich an dem hier endenden und für Hamburg so wichtigen Handelsweg nach Lübeck niederließen.

Die umfangreichen Hafen-, Schleusen- und Deichbauarbeiten im Bereich der Marscheninseln – bei den Geländebaumaßnahmen mussten, bei einer Erhöhung von durchschnittlich 2 Metern, ungefähr 850.000 Kubikmeter Material bewegt werden – zeigten bald ihre Wirkung: Das Areal Hamburgs vergrößerte sich in kurzer Zeit von 16 auf 80 Hektar. An der Einfahrt zum Nikolaifleet entstand die Hohe Brücke, deren beide signifikanten Türme vermutlich auch ihren Niederschlag im Stadtwappen gefunden haben. Sie war Teil der Stadtbefestigung, die seit 1240 belegt ist.

Beherrschend für das Hamburger Stadtbild ist der durch die Aufstauung der Alster sich bildende Stausee, die Außenalster. Die historisch belegte Aufstauung der Alster und der Bau der so genannten Niedermühle erfolgte am Ende des 12. Jahrhundert, denn 1195 verlieh Graf Adolf III. dem Hamburger Domkapitel Kornernten aus der Mühle als Entschädigung für alle Nachteile, die dem Kapitel durch den Mühlstau erwachsen waren. Mit der Gründung der Hamburger Neustadt im Jahr 1189 und ihrer räumlichen Entfaltung stieg die Bevölkerung sprunghaft an. Da die Leistungsfähigkeit der herzoglichen Mühle bald nicht mehr ausreichte, wurde die Alster 1235 am Reesendamm ein zweites Mal durch eine städtische Mühle, die Obermühle, aufgestaut.

Von Bürgern und Ratsherren

Hatte Hamburg 1250 noch 4000 Einwohner, stieg die Bevölkerungszahl mit dem Ausbau der Stadt kontinuierlich an und erreichte 1300 ungefähr 5 - 6000 Einwohner. Mit ca. 8000 Einwohnern war Hamburg im 14. Jh. eine der größten Städte Norddeutschlands. Der Bevölkerungsmehrheit ging es gut: 60 % gehörten zur Ober- und Mittelschicht. Immerhin 40 % der Bevölkerung aber gehörten zur Unterschicht. Sie besaßen keinen eigenen Hausstand, manche konnten nicht einmal selbst für ihren Unterhalt aufkommen. Wer der Hamburger Bürgerschaft angehören wollte, musste einen Bürgereid schwören. Nur dann durfte der Betreffende ein städtisches Grundstück kaufen oder hatte die Möglichkeit, sich als Handwerksmeister niederzulassen. Zugleich verpflichtete er sich zur Loyalität und Verteidigung der Stadt. Die Aufnahme in die Bürgerschaft kostete Geld. Aus diesem Grund lebten in Hamburg viele Nichtbürger, da sie sich diese Ausgabe nicht leisten konnten.

Rechtsprechung und Gesetzgebung lagen ebenso in der Hand des Rates wie die Verwaltung des Gemeinwesens. Zu dessen Führung hatten die Bürger einem „Bürgerausschuss" besondere Rechte zugestanden. Etwa 30 Mitglieder bildeten den Rat, dem zunächst zwei Bürgermeister, jährlich alternierend, vorstanden. Die Ratsherren gehörten zumeist der Kaufmannschaft an, denn der Rat wurde nicht von den Bürgern gewählt, sondern ergänzte sich immer wieder selbst durch Mitglieder der wohlhabenden Familien. Die Ratsherren leiteten die verschiedenen Verwaltungsressorts: Kämmereiherren waren für die städtischen Finanzen zuständig, Weddeherren fungierten als eine Art Gewerbepolizei, Mühlenherren beaufsichtigten die stadteigenen Mahlanlagen.

Verordnungen des Rates, die vereinzelt in Stadtrechtsammlungen zusammengefasst waren, wurden bei der so genannten „Bursprake" zweimal jährlich der versammelten Bürgerschaft öffentlich verlesen. Im 15. Jahrhundert protestierten die Bürger verschiedentlich gegen Entscheidungen des Rates. Für Verhandlungen mit den Ratsherren wurden Bürgerausschüsse gebildet, die Verhandlungsergebnisse später in so genannten „Rezessen" niedergelegt.

Hamburg als Hansestadt

Die Bevölkerungsverdichtung, die mit Binnenkolonisation und Ostsiedlung einherging, erfolgte parallel mit dem stetigen Ausbau politischer und wirtschaftlicher Verfügungsgewalt im gesamten Europa und so auch im nordelbischen Gebiet. Siedlungen differenzierten sich und wurden nach Art und Zentralität zu Städten, die wiederum in politischer, administrativer, wirtschaftlicher sowie militärischer Hinsicht Bedeutung erlangten. Unter der wohlorganisierten Herrschaft Adolfs IV. erlebte auch Hamburg einen ungeheuren Aufschwung. Nun boten sich für die Stadt Entfaltungsmöglichkeiten wie niemals zuvor. Der systematische Ausbau der Mühlen in Kombination mit der Expansion des Getreidemarktes führte folgerichtig zur Produktion von Weizen- und Weißbier. Dafür wurden die Getreideimporte durch eine zielgerichtete Zollpolitik gefördert. Hamburg avancierte bald zum „Brauhaus der Hanse".

Das Braugewerbe diente nicht nur zur Eigenversorgung, sondern entwickelte sich zu einem der wichtigen Exportgewerbe der Stadt. 1233 begann die Produktion von Weizen- und Weißbier – „vorhero ist selbiges röthlich gewesen". Bier wurde insbesondere in die Niederlande, aber auch nach Frankreich, England, Jütland und Island verschifft. Neben

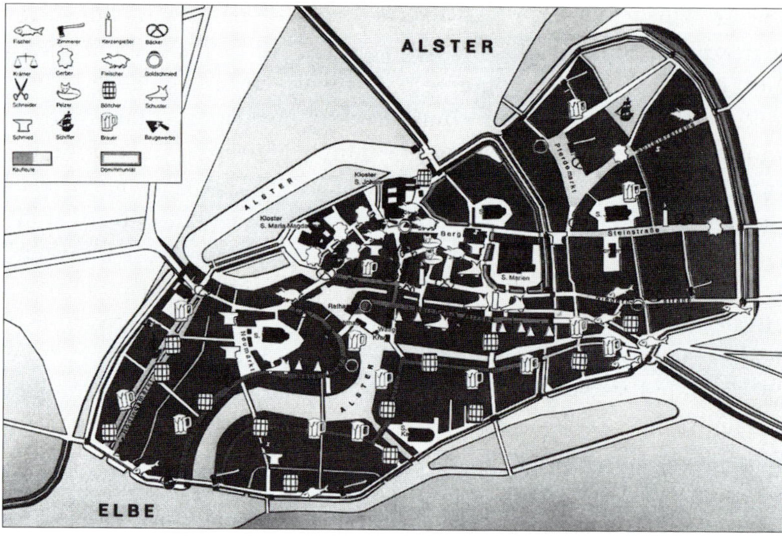

Die Gewerbetopographie der Hamburger Altstadt zeigt deutlich Schwerpunkte bestimmter Berufsgruppen, aber auch Gebiete mit gewerblicher Mischstruktur. Aus: H. Puff 1989

dem Brauwesen besaß die Böttcherei als wichtigstes Gewerbe für Transportbehälter große Bedeutung. Tonnen und Fässer bildeten die Container der damaligen Zeit.

Um die Mitte des 14. Jahrhunderts gab es in Hamburg nahezu 450 Brauhäuser. Das in Hausbrauereien gebraute Bier gehörte wegen des Gehalts an Nährstoffen zur Alltagskost. Das zunächst noch ohne Hopfen hergestellte und wenig haltbare „Grutbier“ wurde durch die allmähliche Beigabe von Hopfen in Geschmack und hinsichtlich der Haltbarkeit bedeutend verbessert. Die vor den Toren der Stadt gelegenen Marschgebiete dienten dabei als Rohstofflieferanten für Gerste und Hopfen. Der Name „Hopfenmarkt“ rührt von dem seit Mitte des 14. Jahrhunderts betriebenen Hopfenhandel her. Ein Drittel der Kapazitäten hiesiger Mahl- bzw. Kornmühlen blieb den Bierbrauern vorbehalten.

Eingebunden war Hamburg in eine Vereinigung von Fahrtgenossenschaften, der Kaufleute und Städte angehörten: der Hanse. Ihr Ziel war die Durchsetzung von Handelsinteressen durch Vermittlung des Warenaustausches zwischen den östlichen Rohstoffgebieten und den westlichen gewerblichen Produktionsgebieten. Maßgeblich dafür war ein Netz gemeinschaftlich koordinierter Kaufleutegruppen, das sich einerseits auf die verschiedenen Handelsprivilegien im Ausland (Nowgorod/Russland, Schweden, Norwegen, England, Brügge/Flandern) stützte und andererseits auf einem innerhansischen Präferenzsystem gründete. Bereits das Hamburger Schiffsrecht von 1292 hatte für die Gemeinschaft der nach Utrecht oder Brügge segelnden Kaufleute gefordert, dort in der Ferne in genossenschaftlichem Zusammenwirken „Hanse zu halten“. Dies bedeutet, dass nach den im Gastland erwirkten Privilegien alle sie betreffenden Angelegenheiten unter sich zu regeln waren. Dies ändert sich um die Mitte des 14. Jahrhunderts, als ein stärkerer Rückhalt erforderlich wurde. Gerade der kostbare Bestand der Privilegien war damals gefährdet. Diese wurden zumindest nicht mehr von den allzu selbstständig handelnden und die Kaufleute allmählich bevormundenden Kontoren – ob London, Bergen, Nowgorod oder Brügge – ausreichend geschützt.

So wären die Handelsprivilegien des Kontors in Brügge wohl verloren gegangen, als die Stadt Brügge, in Geldnot geraten, versuchte, ihr Stapelrecht auf Salz und Getreide zu erweitern. Gerade diese Handelsgüter hatten die hansischen Gäste bis dahin direkt von Schiff zu Schiff verkaufen dürfen. So kam es 1356 zu einer ersten Zusammenkunft vieler Hansestädte in Lübeck, die eine Verhandlungskommission nach Brügge zur Durchsetzung der alten Vorrechte schickte. De facto war dieses Treffen der erste Hansetag. Ein zweiter musste einberufen werden, um gegebenenfalls das Kontor von Brügge in eine andere Stadt zu verlegen und Flandern in Zukunft zu blockieren. Die Übermacht der zusammenwirkenden Städte veranlasste Brügge zum Einlenken, so dass die Blockade 1360 wieder aufgehoben wurde.

Hamburg und vor allem Lübeck, das als „Haupt der Hanse“ eine herausragende Rolle spielte, waren zwischen dem 13. und 15. Jahrhundert fest in das Handelsgeflecht eingebunden. Gingen die Beziehungen Lübecks zunächst in alle Richtungen, wurden sie mit dem Ende des 15. Jahrhunderts auf den Ostseebereich eingeschränkt. Hamburg orientierte sich verstärkt zum Westen sowie in sein binnenländisches Hinterland an der Elbe.

Archäologische Fundstellen des Mittelalters in der Hamburger Altstadt

Die Zahl erhaltener Denkmäler aus dem Mittelalter im heutigen Zentrum Hamburgs ist überschaubar. Stadtbrände – wie im Jahre 1842 – und Zerstörungen während des 2. Weltkrieges, aber auch durchgreifende Baumaßnahmen der Kaufmanschaft im 19. und 20. Jahrhundert haben zur Vernichtung der meisten historischen Bauwerke beigetragen. Daher blieben beispielsweise nur wenige Altstrukturen im Stadtplan erhalten. Dies gilt für viele Straßenzüge genauso wie für den Verlauf ehemaliger natürlicher Gewässer beiderseits der zungenförmigen Altmoräne zwischen der Alster- und Bille-Elbe-Niederung.

In der Altstadt vermitteln heute allein die beiden gotischen Backsteinkirchen, die St. Petri-Kirche und die St. Jacobi-Kirche, einen Eindruck von der Topographie Hamburgs in den ersten Jahrhunderten des 2. Jahrtausends: Der erstgenannte Bau lag im älteren Stadtbereich, eine Vorgängerkirche wurde im 12. Jahrhundert noch als Marktkirche bezeichnet, das zweite Gotteshaus dagegen wurde außerhalb eines undatierten, im Gelände nicht mehr verifizierbaren, quer über die Moränenzunge erbauten Stadtwalles, des sogenannten Heidenwalles, errichtet.

Weitere auf dem Geländerücken im unmittelbaren Umfeld der St.Petri-Kirche gelegene Monumente aus dem Mittelalter, der zu Beginn des 19. Jahrhunderts abgerissene Mariendom und die sogenannte Bischofsburg, wurden allein durch Ausgrabungen erschlossen. Während die Fundamente von der „Bischofsburg“ als Denkmal erhalten blieben und besichtigt werden können, gibt es vom Dom keine im Gelände erkennbaren Reste – abgesehen von einem bei den Ausgrabungen gefundenen Ziegelsteinverband der ehemaligen Dommauern.

Gemeinsam mit der Straße zwischen Dom und „Bischofsburg“, dem Speersort, der Kirche St. Petri und dem „Heidenwall“ stellt der Bereich dennoch ein auf engem Raum konzentriertes Denkmalensemble dar, das durch weitere archäologische Befunde als einzigartige historische Quelle zur Frühgeschichte Hamburgs Bedeutung hat. Die Forschung der letzten fünfzig Jahre ist seit den Notgrabungen Reinhard Schindlers nach dem Zweiten Weltkrieg von der Lage der historisch überlieferten „Hammaburg" unter dem späteren Dombau ausgegangen, da die Untersuchungen in der Tat frühe Wallreste erbracht hatten. Die Erdwerksbefunde kamen sämtlich unter heutigen Straßen am Rande des Domareals zum Vorschein, eine spätere Überprüfung des Verlaufs und Aufbaus vom Wall war seither nicht möglich. Demgegenüber war das ehemalige Domgelände – heute als Parkplatz genutzt – durch umfangreiche Ausgrabungen unter der Leitung von Renate Schneider in den Jahren von 1980-1987 erneut für archäologische Untersuchungen zugänglich gewesen. Die nördlich der Straße Speersort gelegene „Bischofsburg" wurde bereits vorher unter der Leitung von Dietrich Bohnsack von 1962 bis 1965 ausgegraben.

Funde und Befunde vorgeschichtlicher, vor allem neolithischer Zeitstellung, die hier keine Berücksichtigung finden sollen, bestätigen eine früh erkannte günstige Siedlungsposition auf dem späteren Dombereich. Das Geländerelief unter den frühgeschichtlichen und mittelalterlichen Boden- und Schuttaufträgen zeigt eine größere, kaum Höhendifferenzen aufweisende Fläche auf der Südseite der Moränenzunge, auf deren Scheitel die St. Petri-Kirche erbaut wurde. Das Gelände wird im Osten und im Westen durch zwei Nord-Süd-orientierte grabenartige Senken, im Norden durch eine hohlwegähnliche, unter dem Speersort gelegene Eintiefung begrenzt.

Der älteste frühgeschichtliche Befund unter dem späteren Dom ist die sogenannte „Doppelkreisgrabenanlage", bestehend aus zwei konzentrischen Grabensystemen, die in verschiedener Weise auf einander Bezug nehmen. Der innere, kleinere Ring weist einen Durchmesser von ca. 48 m auf, während bei dem äußeren Ring etwa 65 m gemessen wurden. Übereinstimmende Lücken oder „Brücken" in beiden Grabensystemen könnten auf eine Zeitgleichheit oder ein unmittelbares Nacheinander der Baumaßnahmen hinweisen. Im Süden, unmittelbar an der Kante oberhalb des relativ steilen Hanges zum Reichenstraßenfleet brechen beide Gräben ab. Die bis 2,5 m tiefen Gräben zeigen sowohl Spitz- als auch Sohlformen, Wallreste fehlen jedoch. Die Anlage wird vor allem durch 14-C-Proben datiert. Nach R. Busch gibt es eine „Verdichtung" der auf naturwissenschaftlicher Basis gewonnenen Daten zwischen etwa 600 und 700 n. Chr.; keine Probe der Grabeneinfüllung

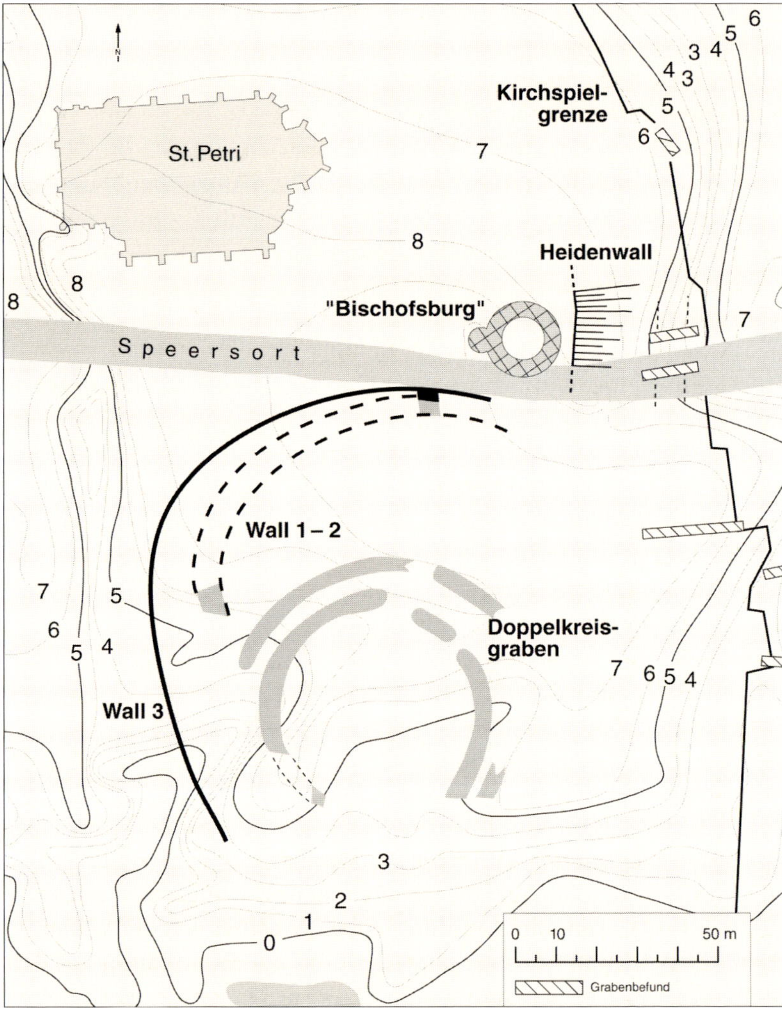

Ausgrabungsbefunde auf dem Domplatz südlich der St. Petri-Kirche in Hamburg. Die Höhenlinien zeigen das ursprüngliche Relief unter den mittelalterlichen und neuzeitlichen Auffüllungen.

konnte in die Zeit nach 735 bestimmt werden. Dagegen versuchte F. Laux, in einem Graben geborgene Scherben in die 2. Hälfte des 8. Jahrhunderts zu setzen.

Die bisherige Diskussion konzentrierte sich auf zwei Fragen: Ist die Doppelkreisgrabenanlage als Fortifikation zu bewerten, die möglicherweise im Zusammenhang mit der fränkischen Eroberung des Niederelberaumes im Zusammenhang zu sehen wäre – so Laux –, oder wurde sie bereits früher errichtet – entweder als Befestigung oder für eine völlig andere, vielleicht friedliche Aufgabe als Kult-, Ting- oder Marktplatz. Eine Lösung dieser Problematik steht und fällt mit der zeitlichen Einordnung von vergleichbaren Befunden in Südholstein, die bisher nur grob anhand des vor allem keramischen Fundmaterials in die Frühgeschichte datiert werden.

Die Bedeutung des Hamburger Befundes erscheint jedoch vor dem Hintergrund einer umfassenden Analyse der auf dem Domplatz gefundenen Keramik im neuen Licht: Nach einer bislang ebenfalls nicht datierten Planierung der Doppelgrabenanlage und einer Periode der Brache von unbekannter Dauer kam es zu einer ersten ständigen Besiedlung des Geländes, wie stratigraphisch gesicherte Baureste (Herdstellen, Pfosten und Gruben) sowie zahlreiche Scherbenfunde belegen, die in einer mehrfach bis über 0,25 m mächtigen dunklen Schicht am Nordwestrand des Domgeländes (Schindler Schnitt P), aber auch im westlichen und südlichen Bereich der Doppelkreisgrabenanlage (Schindler Schnitte G und J) durch charakteristische Verfärbungen enthalten waren. In der Siedlung fanden sich sowohl spätsächsische Ware als auch frühe Kugeltopfformen. Wichtiger waren jedoch chronologisch eher bestimmbare Scherben slawischer Machart der Typengruppen Sukow, Feldberg, Menkendorf und Groß Raden, die spätestens vom ausgehenden 8. Jahrhundert bis nach der Mitte des 10. Jahrhunderts gefertigt worden sind. Damit gehört die offenbar unbefestigte Siedlung in die Zeit Ansgars in Hamburg. Profilfotos vom Westbereich der Bebauung (Schindler Schnitt P) zeigen darüber hinaus Rasenbildung auf dem Siedlungsschutt, so dass mindestens von einer teilweisen Schrumpfung des Siedlungsareals nach dem Verlassen des späteren Domgeländes auszugehen ist.

Der erste sichere Baubefund im Umfeld des späteren Domes nach der Siedlungsaufgabe ist ein in spätsächsischer Tradition, ausschließlich aus Soden errichteter Erdwall, dessen Reste im Norden und im Westen des Domplatzes von Schindler dokumentiert wurden. Er kann aus stratigraphischer Sicht nicht vor der 2. Hälfte des 9. Jahrhunderts erbaut worden sein. Nach den Profilbefunden war das Erdwerk rund 11,5 m breit, die Höhe betrug 1,20 m. Hinweise auf einen unmittelbar zuweisbaren, vorgelagerten Graben fehlen, da die Erbauer offenbar sowohl im Norden als auch im Westen natürliche(?) Bodensenken in die Baumaßnahmen einbezogen haben. Ein erster Ausbau (Wall 2) führte zu einer Wallerweiterung und -erhöhung bis mindestens 2,20 m über den gewachsenen Boden. Reste dieser Baumaßnahme wurden lediglich am Nordrand erschlossen. Später ist Wall 2 an seiner Außenseite begradigt und durch eine mehrphasige Erweiterung mit Holzeinbauten, Sodenpackungen und Palisadenreihen (Wall 3) erweitert worden. Diese jüngste Verstärkung des Erdwerkes erfolgte im Norden unter Einbeziehung der Vorgängeranlagen. Im Westen dagegen wurden die topographisch vorhandenen Gegebenheiten in der Weise voll berücksichtigt, daß es hier zu einer Verschiebung des Erdwerkkörpers im Vergleich zu den früheren Wallbaustadien kam.

Weder am Ostrand des Domplatzes noch im Süden der Ausgrabungsfläche fanden sich vergleichbare Wallreste. Im Süden hatte Schindler seinerzeits bereits Bedenken bei der Bestimmung des Wallverlaufs „seiner“ Hammaburg publiziert. Im Verbindung mit einer neueren Auswertung der Grabungsunterlagen Schindlers konnte der Nachweis erbracht werden, dass einige von ihm und später von C. Schulz (1995) als „hölzerne Wallversteifungen“ , als „untere Teile der inneren Wallfläche“ oder aber als Hinweise auf ein „Holz-Erde-Kastenwerk“ interpretierte Holzlagen aus der Zeit „vor der eigentlichen karolingischen Hammaburg“ lediglich Reste von grubenhausähnlichen Bauten darstellen. Sie gehören außerdem in eine zeitlich nicht näher bestimmbare Phase des Baugeschehens auf dem Domplatz, in der der Bereich südlich des späteren Kirchbaus durch zum Teil mächtige Bodenaufträge erhöht worden ist.

Durch die Datierung der Befestigungsanlagen unter dem Dom in die Zeit post 845 und durch den fehlenden Nachweis einer bei einem geschlossenen Bering anzunehmenden, ausgebauten Südflanke der Befestigung, für die es auch in den zahlreichen, während der Grabungen von 1980 bis 1987 vorzüglich dokumentierten Profilen keine Belege gibt, stellt sich jedoch erneut die Lokalisierungfrage der urkundlich überlieferten karolingerzeitlichen Hammaburg. Ein früher Wall unter der Neuen Burg auf dem Westufer der Alster wäre aus topographischer Sicht bisher als einzig mögliche Befestigung der Hammaburg-Zeit in Hamburg zu bezeichnen. Die hier genannte zeitliche Zuordnung erfolgt jedoch nur unter Vorbehalt, da sie ausschließlich auf einer Kombination von eingemessenen Wasserstandshöhen der Elbe und nicht auf exakten archäologischen bzw. naturwissenschaftlichen Daten beruht.

Eine stratigraphisch gesicherte Verbindung zwischen den Wallresten um das spätere Domgelände, die vermutlich von einer ehemaligen bischöflichen Domburg des frühen Mittelalters stammen, und den bei den Ausgrabungen entdeckten Baubefunden innerhalb der Umwallung fehlen. Daher können z.B. weder die vermutlich spätsächsischen Grubenhausbefunde im Norden (Schindler Schnitt M), die zwischen den Planierungsschichten im Südbereich dokumentierten grubenhausähnlichen Gebäudereste, noch ein um 1000 n. Chr. dendrochronologisch bestimmbarer Brunnenbefund im Südosten mit der Errichtung und dem Ausbau der offenbar als Halbkreiswall konzipierten Befestigungsanlage verknüpft werden.

Probleme bereiten hier vor allem die Zuordnung der bei den Untersuchungen seit 1949 gefundenen Reste einer Kirche. Ein kurz vor dem Abbruch in den Jahren nach 1804 angefertigter Grundplan des fünfschiffigen Mariendomes zeigt, dass einige bei den Ausgrabungen gefundene Fundamentreste diesem jüngsten, zwischen etwa 1250 und 1434 errichteten Bau zugeordnet werden können, während andere von einer vor dem Beginn dieses Neubaus datierten Vorgängerkirche stammen. Die historischen Quellen enthalten Hinweise auf mehrere post-Ansgar-zeitliche, in die Jahre vor 1250 einzuordnende Gebäudekomplexe: ein spätestens um 1020 errichteter Holzbau, der unter dem Bremer Erzbischof Bezelin-Alabrand (1035-1043) durch ein aus Quadersteinen erbautes Gebäude ersetzt wurde. Zwischen diesem Gotteshaus und der gotischen Kirche kam es bereits zur Errichtung einer ersten Backsteinkirche, die nur indirekt anhand archäologischer Schichten in das 12. Jahrhundert eingeordnet werden kann. Zwei Fundamentgräben unter den Säulenreihen beiderseits der Mittelachse im Langschiff des gotischen Domes können als letzte Baubefunde der beiden aus Steinen errichteten Vorgängerkirchen bestimmt werden (Abb.

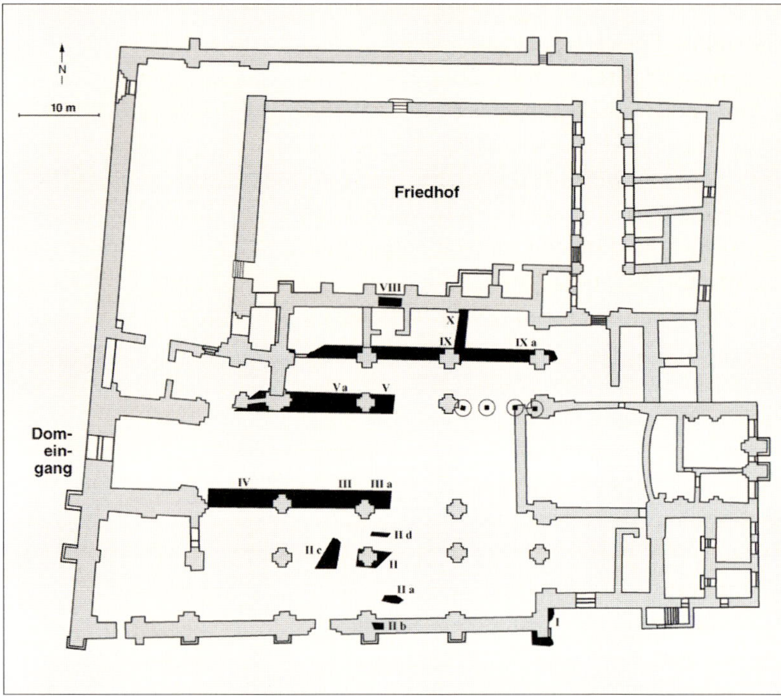

Grundriss vom Dom nach M. H. F. Hackert (1804) mit älteren Fundamentresten (I - X) und den von R. Schindler dokumentierten vier Holzpfosten in Verlängerung von Fundamentgraben V - Va

S. 38: Fundamente III, IIIa und IV; V und Va). Von der Holzkirche wären lediglich vier von Schindler in der Flucht der nördlichen dieser Fundamentgräben entdeckte Pfosten als mögliche letzte Baurelikte zu interpretieren.

Der grabenartige Bodeneinschnitt unter der heutigen Straße Speersort zwischen dem Nordwall des Domplatzes und der „Bischofsburg" wurde im 10./11. Jahrhundert nach der Aufgabe der Dombefestigung durch mehrere Wege- bzw. Straßenschichten allmählich aufgefüllt. Diese Maßnahmen erfolgten teils vor, teils nach der Erbauung des Steinturmes, der „Bischofsburg", an der Nordseite der Straße, während der jüngste dokumentierte Wegebelag zeitgleich mit oder nach dessen Abbruch im hohen Mittelalter datiert. Dies bedeutet, dass es aus archäologischer Sicht keinerlei Verbindung zwischen dem Turmbau und der Umwallung des Domplatzes gegeben haben kann. Die Frage einer Verknüpfung des Steinturmes mit dem historisch überlieferten Hinweis bei Adam von Bremen auf die Errichtung einer Bischofspfalz „nach dem Wiederaufbau des Ortes“ lässt sich derzeit nicht abschließend klären, zumal eine Zuordnung des Turmes zur Hamburger Stadtbefestigung im Mittelalter ebenfalls in Betracht zu ziehen wäre.

Das aus Findlingen unterschiedlicher Größe erbaute Fundament des Steinturmes zeigt eine Breite von rund 4 m auf, der innere Durchmesser lag bei 11 m. Im Westen des Turmes fand sich ein Brunnenanbau von 4,5 m Durchmesser, dessen Schacht eine erhaltene Tiefe von 4,2 m aufwies. Die Analyse der Grabungsunterlagen erbrachte nicht nur Hinweise auf eine vorgeschichtliche und spätsächsische Besiedlung unter dem Turm, sondern auch erhebliche Bodenaufträge auf der primären ehemaligen Oberfläche aus der Zeit vor Beginn des Turmbaus. Die Fundamentaußenseite war in einer vorher in den Planierboden in Passform ausgehobenen Grube ohne Zwischenraum eingebaut. Datierende Funde fehlen weitgehend: Abgesehen von wenigen Scherben des 11.-13. Jahrhunderts wurden ein Bronzegriffel aus dem Umfeld außerhalb des Steinturmes und eine Bronzenadel, die zwischen den Steinen des Brunnenanbaus gelegen war, bekannt.

Die Ausgrabungen auf dem Gelände der „Bischofsburg“ konnten dagegen bemerkenswerte Hinweise auf den Verlauf und die stratigraphische Einbindung des primären Stadtwalles, des „Heidenwalles“, im Verhältnis zum Bau des Steinturmes, nicht aber in Bezug zur Domburg dokumentieren. Damit ist die Frage des Baubeginns vom Heidenwall nach wie vor ungeklärt. Durch die Ausgrabungen östlich der „Bischofsburg“ konnten allein der Verlauf des inneren Wallfußes und hierdurch auch eine Übereinstimmung mit einer weiter nördlich in älteren Grundstücksplänen deutlich erkennbaren Parzellengrenzenflucht festgestellt werden. Hinweise auf den Außenwallfuß fehlen demgegenüber. Drei der vier bei einer Notgrabung 1938 im Bereich des „Pressehauses“ entdeckten Gräben datieren nach Ausweis der Befundstratigraphie ins Mittelalter, nach Beginn der Backsteinproduktion im Umfeld des Domes. Hinweise in historischen Urkunden weisen auf eine Aufgabe des „Heidenwalles“ als städtische Fortifikation zwischen 1269 und 1407 hin.

Der Mariendom

Nicht mehr als ein stummer Mauersockel eines Pfeilers ist von diesem geblieben (s. S. 65). Gerade deswegen ist es nötig, seine Entwicklung zu skizzieren.

Karl der Große begann 809/810 Nordelbien, also das südliche Siedlungsgebiet nördlich der Elbe, in das Frankenreich einzugliedern. Damit beauftragt war Graf Egbert, unter dem der Priester Heridag um 811 eine Kirche begründete, die Bischof Amalar von Trier weihte (Vita Anskarii, c. 12.). Die örtliche Lage ist nicht genannt, wurde aber in der älteren Forschung immer wieder mit Hamburg verbunden, was sich aber nicht belegen lässt und daher vernachlässigt werden darf.

Erst mit Begründung des Erzbistums unter Ansgar 831/832 und der Errichtung von Dom und Kloster können wir Hamburg für einen kirchlichen Bau fassen (Vita Anskarii. c. 16). Diese Anlagen wurden 845 bei einem Wikingerüberfall zerstört. Der Wiederaufbau ist nicht überliefert, muss aber stattgefunden haben, da in der Hamburger Domkirche die Bestattung des nach hier verbannten abgesetzten Papstes Benedikt V. für 965 belegt ist, dessen Grabstätte über Jahrhunderte hinaus in Erinnerung gehalten wurde. Diese Kirche wurde durch Erzbischof Unwan um 1020 erneuert (Adam von Bremen, Bischofsgeschichte der Hamburger Kirche, II, 70.). Alle diese Bauten waren aus Holz errichtet. Erst Erzbischof Bezelin/Alabrand (ab 1032) „hielt wegen der Schwäche des Ortes einen stärkeren Schutz gegen die häufigen Überfälle der Feinde für notwendig und ließ als erstes von allem die zu Ehren der Gottesmutter erbaute Kirche aus Quadersteinen aufführen“ (Adam v. Bremen II, 70).

Die archäologischen Untersuchungen von R. Schindler auf dem von ihm identifizierten ältesten Domplatzgelände ab 1947 haben die nach den schriftlichen Überlieferungen zu erwartenden drei Holzkirchen in ihrer Abfolge nicht identifizieren können.

Allein die in einer Nord-Süd-Richtung liegenden vier Holzpfostenlöcher von bedeutender Abmessung sind für einen Holzbau in Anspruch genommen worden (siehe Abb. S. 38), aber O. Harck betont, dass eine Zuordnung zu einem Holzdom weder zeitlich noch bauhistorisch als gesichert angenommen worden kann. Dombauten vor dem ersten Steinbau auf dem Gelände sind nicht sicher zu fassen. Ganz negieren können wir allerdings die Kreuzfibel mit drei Eckrundeln je Arm nicht, die als Streufund ohne Einbindung in eine archäologisch relevante Befundsituation geborgen wurde. Sie gehört jedenfalls auf den Fundplatz. Sie ist bald nach 800 entstanden, dann natürlich einige Zeit in Benutzung gewesen, bevor sie in den Boden gelangte.

Fibeln dieser Art sind als Grabbeigabe verwendet worden. Wenn dem so ist, belegt sie die Annahme dieses Platzes um 830 durchaus. Sie könnte einer Bestattung aus der Zeit eines Kirchenbaus zu Zeiten Erzbischofs Ansgar zugerechnet werden. Das ist zwar ein geringer, aber unübersehbarer Hinweis, mehr aber nicht.

Kreuzfibel vom Domplatzgelände, Rekonstruktion nach dem Originalfund, Anfang 9. Jahrhundert. Helms-Museum

Der Bezelin-Bau ist 1066 beschädigt worden, offensichtlich aber alsbald wieder in Funktion getreten. Im 13. Jahrhundert erfolgten langwährende Weiterbauten bis zur Weihe des gotischen Domes 1329.

Es folgte der Turm, der im Unterbau 1353 fertig gestellt war. Der sog. Schappendom, ein Annex, wird nach Baubelegen 1515-1520 angefügt. Damit ist in Kürze die Errichtung des Mariendomes umschrieben. So, wie er Anfang des 16. Jahrhunderts stand, ist er bis zu seinem Untergang verblieben, abgesehen von einigen wenigen Veränderungen, insbesondere in der zweiten Hälfte des 18. Jahrhunderts, die das Innere betrafen.

Als 845 Bischof Ansgar aus Hamburg wich und der Sitz des (Erz-) Bischofs nach Bremen verlagert wurde, bildete das Hamburger Domgelände eine exterritoriale Enklave, was Hamburg immer als „Stachel“ in seinem Zentrum empfand. Daran änderte die Reformation nichts. Dann ging die Domimmunität sogar an das Königreich Schweden über und gelangte 1719 an das Kurfürstentum Hannover, das zudem seit 1714 in Personalunion mit dem Königreich von Großbritannien und Irland verbunden war.

Erst der Reichsdeputationshauptschluss von 1803 gab die Domimmunität in die Hände der Stadt, die sogleich den Abriss als einziges Ziel ins Auge nahm, zumal der Dom über keine eigene Gemeinde verfügte.

Die zwölf Domherren wurden mit einer lebenslänglichen Rente abgefunden, das Inventar wurde veräußert – damit auch die zahlreichen mittelalterlichen Kunstschätze. Auch die nahezu 25.000 Bestattungen

Schatztruhe aus Eisen, aufgebrochen, bevor sie in den Boden gelangte, Anfang 17. Jahrhundert, Ausgrabungsfund vom Domplatzgelände

Ansicht des Mariendoms um 1800, Lithographie von Peter Suhr, 1839

waren zu translozieren, was mehr Mühen bereitete. Man verbrachte sie auf den Michaelisfriedhof vor dem Dammtor, wo sie in Sammelgräbern bestattet wurden. Im Mai 1805 begann man mit der Niederlegung der Mauern, was sich bis Ende 1806 hinzog.

Erst 1840 fand man durch die Errichtung des Johanneums eine sinnvolle Nutzung für das frei gewordene Gelände. Im Bombenhagel des 2. Weltkrieges ist dieses in Schutt und Asche gefallen und seitdem ist keine neue Nutzung zu einem Konsens geführt worden. Das Gelände wurde 1947 Ausgrabungsstätte, danach Parkplatz. Bis heute werden unterschiedliche künftige Nutzungen überlegt. Sollte eine sinnvolle Verwendung verwirklicht werden, müssten die Archäologen noch unberührte Restflächen untersuchen.

Erhalten geblieben ist vom Dom ein Pfeilerfundament, mehr nicht. Das zu erhalten wird man bestrebt sein, ist es doch ein seltenes Zeugnis über den Verlust des Mittelalters, wozu der große Brand von 1842 sein Übriges getan hat.

Entwicklung des Hausbaues

Typologische Abfolge

Die Erforschung Hamburgs ältester Besiedlung war ein erklärtes Ziel stadtarchäologischer Untersuchungen ab 1947, als mit dem Wiederaufbau der kriegszerstörten Altstadt begonnen wurde. Dem Baugeschehen folgend, konnten die Archäologen nur da Grabungen durchführen, wo dieses vorgegeben war. Es wurden nur geringe Flächen untersucht, wo-

Schematische Chronologie des Hausbaues in der Stadt. Nach R. Schindler, 1957

durch sich in der Regel ergab, dass Baustrukturen nur partiell erfasst werden konnten. Außerdem hat die neuzeitliche Überbauung ältere Befunde immer wieder in Mitleidenschaft gezogen. Dieses bedeutet, dass unbeschädigte Grundrisse bis heute fast nicht erschlossen werden konnten.

Auf der Suche nach den Anfängen der Stadt hat man sich vor allem den untersten und damit ältesten Schichten zugewandt, jüngere Bebauungsspuren hingegen missachtet. Die Zeitabläufe des Baugeschehens, unter die sich die archäologischen Untersuchungen einordnen mussten, ließen keine andere Wahl. Schon 1957 hat R. Schindler ein Schaubild mit der typologischen Abfolge Hamburger Bauten entworfen.

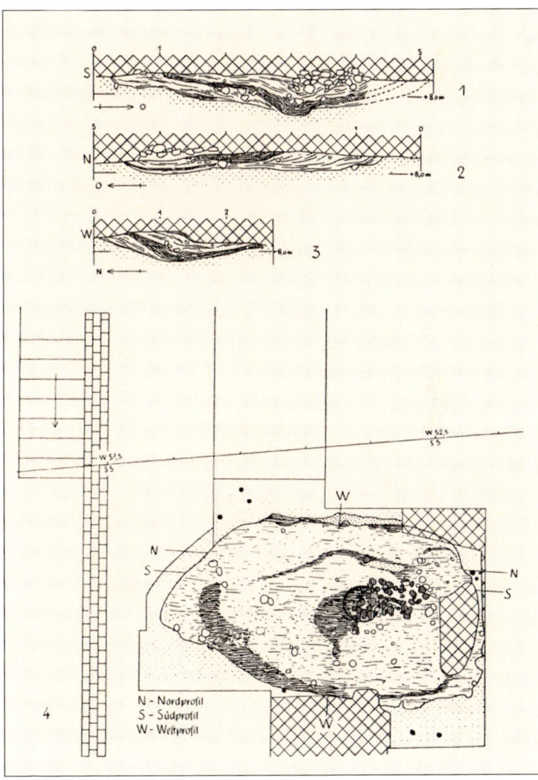

Grubenhaus. Grundriss und Schnitte auf dem Gelände der späteren Hammaburg, 8. Jahrhundert

Hier fehlen zwar die damals schon bekannten Grubenhäuser der ältesten Siedlungsüberlieferung, was sich durch die mangelhafte Quellenlage begründen lässt, aber noch immer ist dieses ein gültiges Schema, das wir heute aber in manchen Details ergänzen können.

Grubenhäuser

Die ältesten Bauformen aus frühgeschichtlicher Zeit in Hamburg sind auf dem Domplatzgelände ergraben worden. Nur ein Grundriss ist vollständig überliefert, wenige weitere sind durch Fragmente und einige Herdstellen zusätzlich angedeutet. Das Grubenhaus im Schnitt M der Domplatzgrabung liegt nördlich außerhalb der spätsächsischen Doppelgraben-Befestigung, ist aber nach Ausweis der Funde dieser Phase der Vorbesiedlung der Hammaburg zuzuordnen. Der Grundriss misst ca. 3 x 5 m und ist unregelmäßig.

Reste der über der Grube aufgehenden Bebauung wurden nicht nachgewiesen, so dass die Bauform offen bleiben muss. Die im Zentrum der Grube befindliche Herdstelle ist dreiphasig, was für eine längere Besiedlung spricht. Die Keramik weist den Befund in das 8. Jahr-

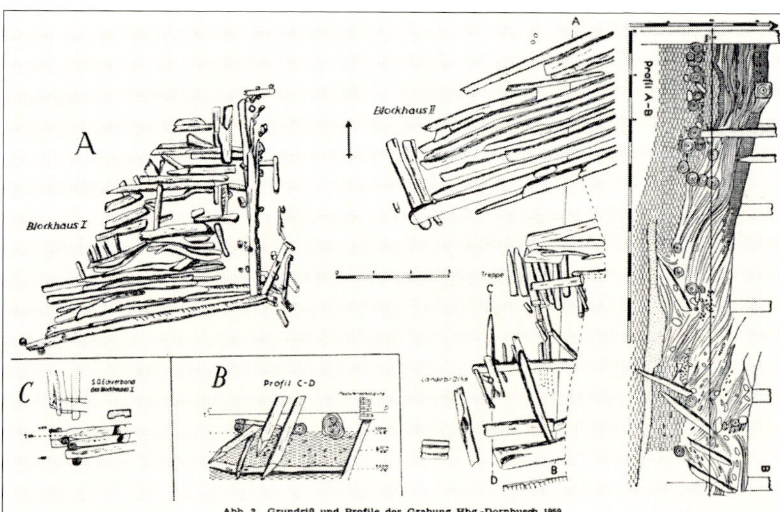

Blockhausgrundriss am Dornbusch, 10. Jahrhundert

hundert. Die hier angeschnittene Bebauung gehört zum Suburbium der Doppelgrabenbefestigung.

Blockhäuser

Die Fundstätte der beiden Blockhaus-Grundrisse am Dornbusch liegt außerhalb der ehemaligen Hammaburg westlich von dieser, und damit gehören sie in das Areal des Suburbiums. Sie liegen parallel zum Reichenstraßenfleet auf dessen nördlicher Uferseite und sind von diesem ca. 6 - 7 m entfernt. Durch die Lage zeigt sich deutlich an, dass diese auf den Wasserweg hin orientiert angelegt wurden.

Wir gehen nicht fehl, wenn wir die Bewohner dieser Häuser als Partizipanten des Handels betrachten. Ackerbau betrieben sie jedenfalls nicht, da die Abmessung der unvollständig erhaltenen Grundrisse dieses nicht zulassen. Das Haus I maß rekonstruiert 5,6 x 7 m, Haus II könnte ca. 6 x 9 m betragen haben. In beiden Fällen bilden parallel lie-

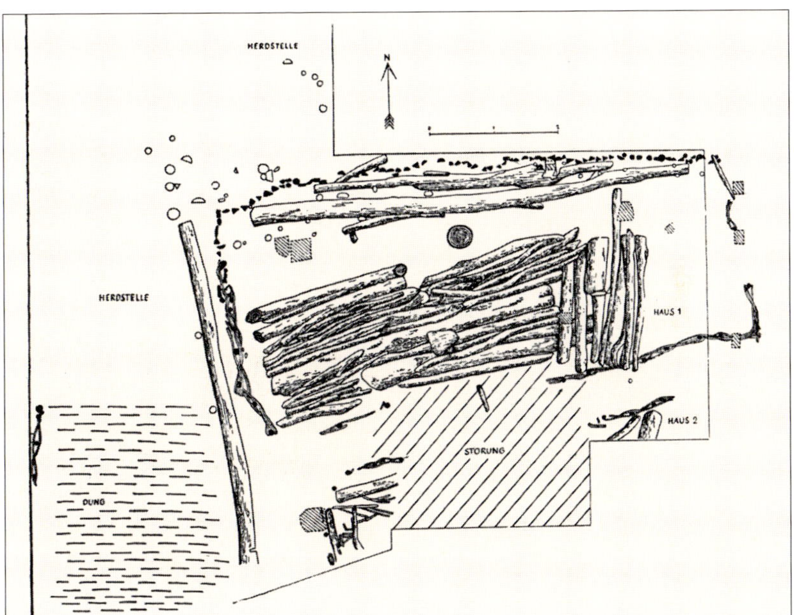

Grundriss eines Spaltbohlenhauses, Grabungsbefund an der Großen Bäckerstraße, 10. Jahrhundert

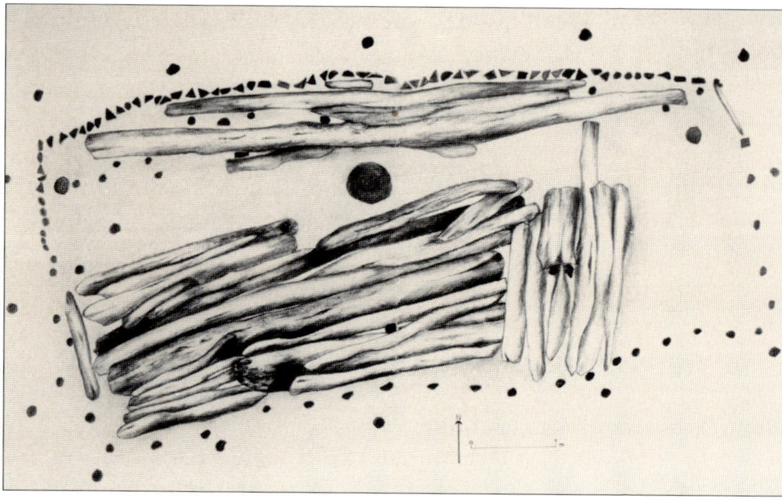

Spaltbohlenhaus, Grundriss zeichnerisch rekonstruktiv bereinigt

gende Rundhölzer den Fußboden. Raumunterleitungen waren nicht erkennbar. Beide Häuser datieren in das 10. Jahrhundert.

Spaltbohlenhaus

In den Ausgrabungen an der Großen Bäckerstraße wurde einer der wenigen vollständig erhaltenen Hausgrundrisse erschlossen. Es handelt sich um ein Spaltbohlenhaus, bei dem im Befund aber die Giebelseiten und die Südwand in Flechtwerk angeführt waren. Der Grundriss misst 7,80 x 3,50 m, ist aber unregelmäßig.

Die mangelnde Symmetrie und unterschiedliche Konstruktionsweise legen es nahe, dass das Gebäude durch eine Reparatur teilweise erneuert wurde, wobei nicht sicher zu sagen ist, ob die Flechtwerkwände eine Erneuerung darstellen. Der Eingang lag am Ostgiebel und ist aus derMittelachse nach Norden herausgerückt. Die Dachkonstruktion war durch außerhalb der Wände schräg an diese angelegte Stützen getragen. Eine vergleichbare Konstruktion ist aus Haithabu bekannt. Auffällig ist, dass im vorderen Teil des Hauses die Dielung aus Rundhölzern parallel zur Giebelwand verläuft, wogegen im größeren hinteren Teil diese parallel zu den Längswänden ausgerichtet ist. Dieses könnte auf eine Zweiteilung des Wohnhauses hinweisen. Die Funde datieren das Haus in das frühe 10. Jahrhundert. In der Nachbarschaft aufgefundene Baureste belegen eine dichte Bebauung dieses Areals.

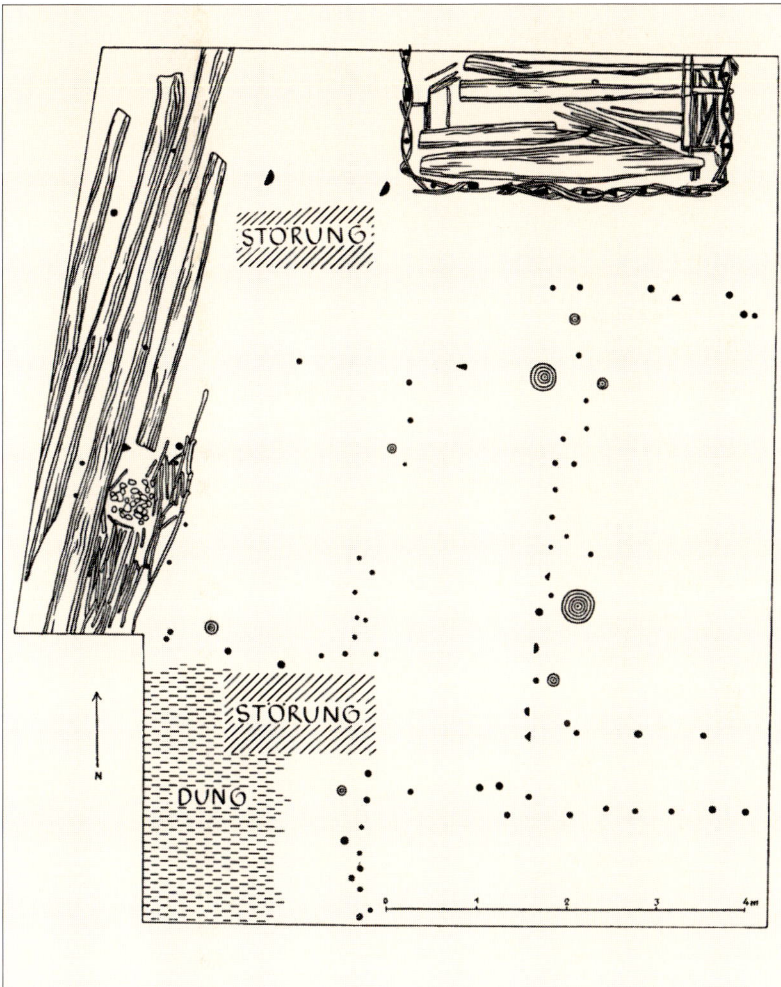

Fundstelle auf der Reichenstraßeninsel. Grundriss eines nur teilweise angeschnittenen Hauses mit Flechtwerkwand, 10. Jahrhundert

Fundstelle auf der Reichenstraßeninsel. Grundriss eines Speichers, 10./11. Jahrhundert

Baubefunde auf der Reichenstraßeninsel: Flechtwerkwandhäuser

Die Ausgrabungen R. Schindlers auf der Reichenstraßeninsel erschlossen Baubefunde des 9. bis 13. Jahrhunderts, die sich auf elf Bauhorizonte verteilen. Da nur kleine Untersuchungsflächen zur Verfügung standen, sind ganze Hausgrundrisse nicht erschlossen worden. Wenn wir auch Flechtwerkwände und im Inneren Holzdielung im 10. Jh. erkennen, sind doch die dachtragenden Posten nicht angeschnitten worden. Sicher bleibt, dass es sich um kleinere Häuser in lockerer Streubebauung handelt, die Gehöftgruppen gebildet haben müssen. Erst im 12. Jh. wurden die Häuser größer und als dreischiffige Ständerbauten mit Viehboxen angelegt.

Der Bauphase des 10./11. Jh. gehört ein Speicher mit neun Pfosten an, der ca. 3 x 5 m maß. Auch dadurch wird der agrarische Charakter dieses Siedlungsareals belegt. Außerdem wird ein Gebäude als reines Stallgebäude angesprochen.

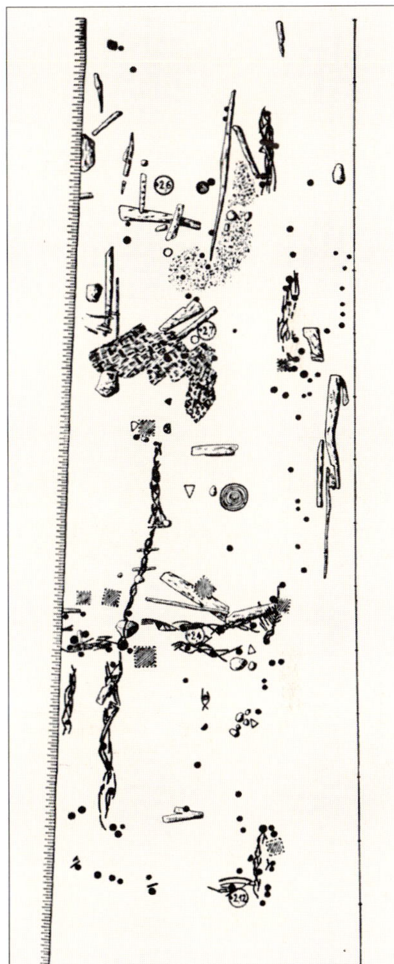

Fundstelle Kleine Bäckerstraße, Pfostenbau 13. Jahrhundert

Dreischiffige Pfostenhäuser mit Flechtwerkwänden

Im 13. Jahrhundert hat sich das dreischiffige Pfostenhaus mit Flechtwerkwänden und kombiniertem Wohn-Stall-Bereich durchgesetzt, deren Breite mit 8 bis 10 m angegeben wird, wie es

R. Schindler an der Kleinen Bäckerstraße ermittelt hat. Als Fußboden dienten Flechtmatten. Allerdings sind in unmittelbarer Nachbarschaft auch zeitgleiche Bohlwandhäuser kleinerer Abmessung beobachtet worden, die noch bis in das 14. Jahrhundert datiert werden können.

Das Nebeneinander verschiedener Konstruktionsweisen ist nicht chronologisch, sondern funktional zu verstehen. Erstere sind eindeutig landwirtschaftliche Betriebe, wogegen letztere Handwerkern und Händlern dienten, was auch dadurch zum Ausdruck kommt, dass sie nahe der Schiffsanlege am Reichenstraßenfleet lagen und mit dem Giebel diesem zugewandt waren.

Backsteinbauten

Eine wichtige Frage in der Entwicklung der Bauformen in der mittelalterlichen Stadt ist das Aufkommen der Hauskonstruktion in Backstein, wird

Hamburg in der Vogelschau. Kupferstich von Braun-Hogenberg, 1588; der Ausschnitt zeigt die Reichenstraßeninsel

doch dadurch der Übergang von einer ländlichen und damit agrarisch bestimmten Lebensweise zur städtischen mit Handwerkern und Kaufleuten einhergehen.

Bisher ist in Hamburg dieser Übergang archäologisch erst auf einem Fundplatz auf der Reichenstraßeninsel darstellbar.

Das ist bereits im 1. Lübecker Kolloquium dargestellt worden, so dass wir hier nur die Grundzüge noch einmal in Erinnerung rufen dürfen. Während Dom und sog. Bischofsturm schon nach 1037 in Quader- und Geröllstein errichtet wurden, können wir den ersten Bau in Backstein mit einer Kemenate auf der Reichenstraßeninsel fassen.

Illustration aus dem Hamburger Stadtrecht von 1497, Giebelhäuser aus dem Hintergrund von Bild B, Staatsarchiv Hamburg

Mit ca. 5 x 7 m im Grundriss zeigt diese – bisher einzige ergrabene Kemenate – bedeutende Abmessungen. Sie lag rückwärtig auf der Parzelle. Ihre Erbauung liegt um 1200. Freistehende Kemenaten sind auf diesem Areal noch auf dem Kupferstich von Braun-Hogenberg von 1589 dargestellt, sind also langlebig in Benutzung geblieben. Das gilt aber nicht für diesen Fundplatz, wo die Kemenate bald in ein Dielenhaus, das zur Straßenfront hin orientiert war, integriert wurde.

Wenn auch die neue Bauphase nur fragmentarisch erfasst wurde, so wird doch deutlich, dass das Dielenhaus mit Kopfsteinpflaster im Inneren nun bis an die Straßenfront herangesetzt wurde. Den zeitlichen Ansatz hierfür halten wir vorerst offen, da das Fundmaterial noch nicht bearbeitet ist, was aber in Angriff genommen wurde. Jedenfalls kann das Dielenhaus erst nach der Integration der Kemenate entstanden sein, das wir damit frühestens in einen späteren Verlauf des 13. Jh. set-

Illustration aus dem Hamburger Stadtrecht von 1497, Giebelhäuser aus dem Hintergrund von Bild M, Staatsarchiv Hamburg

zen können. Dieses ist nun als Ständerbau konstruiert, wie die Grabungsbefunde beweisen. Die nachfolgende dritte Bauphase, die nunmehr die Parzelle nahezu vollständig überbaute, erfolgte erst im ersten Drittel des 17. Jahrhunderts. Nunmehr besteht eine Dreigliedrigkeit: Dielenhaus an der Straßenfront, anschließend schmalere Wirtschaftsbauten, die einen kleinen Hofbereich ermöglichen und Lagerbauten zum hinteren Fleet, die ebenfalls die ganze Breite einnehmen und später sogar die Nachbarparzelle einbeziehen.

Dergestalt hat sich das Bild der Stadt gewandelt. Bild B des illuminierten Hamburger Stadtrechts von 1497 zeigt uns dann endlich im Hintergrund derartige Dielenhäuser mit Treppengiebel auf, auch die Bilder H und M schließen sich daran an. M. Gensler hat das letzte dieser Häuser vor seinem Abbruch geschildert.

Zusammenfassung

Das Bild der spätmittelalterlichen Stadt Hamburg hat sich von Lübeck nicht unterschieden. Die Anfänge waren unterschiedlich im Ansatz. Lübeck hat von Anbeginn den städtischen Charakter im Vordergrund gehabt. Hamburg dagegen hat sich aus ländlichen Anfängen viel langsamer zu einer städtischen Bauweise entwickelt und verdichtet. Diesen Vorgang können wir vorerst nur unvollkommen fassen. Er hat nicht vor 1200 begonnen.

Historische Stadtansichten von Hamburg

Zeugnisse des städtebaulichen Veränderungsprozesses einer Stadt

Eine Vielzahl von historischen Stadtansichten Hamburgs, zu verschiedenen Anlässen und Zeiten entstanden, dokumentieren unabhängig von der historischen Exaktheit im Detail anschaulich die städtebauliche Entwicklung der Stadt.

Erst in der zweiten Hälfte des 16. Jahrhunderts entstehen historisch-geographische Beschreibungen der Stadt Hamburg in Wort und Bild. Einen Eindruck, wie die Stadt zuvor ausgesehen haben könnte, bekommt man nur aus Bodenfunden und schriftlichen Dokumenten.

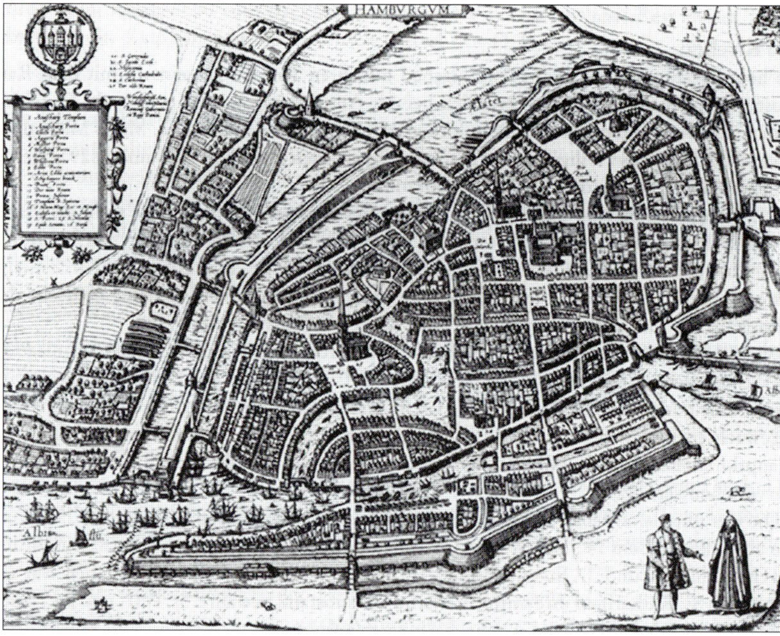

Grundriss und Ansicht von Hamburg, um 1580, Kupferstich, gezeichnet von Joris Hofnagel, Staatsarchiv Hamburg

Auf einer schmalen Geestzunge zwischen Alster, Bille und der Elbe entstand im 8. Jahrhundert eine altsächsische Siedlung. Im Zuge der Sachsenkriege wurde der nordelbingische Bereich mit dieser Siedlung 810 in das Karolingerreich einbezogen und zur Grenzsicherung eine Burganlage, die Hammaburg, errichtet, die südlich der Petri-Kirche auf dem ehemaligen Domplatz archäologisch nachgewiesen werden konnte. Um die Christianisierung im Ostseeraum voranzutreiben, wurde Hamburg unter Ludwig dem Frommen Sitz eines Erzbischofs und die Kirche zum Dom erhoben. Schon kurze Zeit später zerstörten Wikinger 845 Burg und Domkirche. Dennoch entwickelte sich die neben der Burg liegende Siedlung, die mit Markt- und Münzrecht ausgestattet war, zu einem lokalen Zentrum. Zu einer ersten Blüte kam es nach der Jahrtausendwende, als die Erzbischhöfe das Domkapitel erneuerten, den Dom als Steinbau wieder errichteten und die Marktsiedlung planmäßig anlegen ließen. Im 11. Jahrhundert wurde Hamburg erneut Sitz des Erzbischofs. Das kirchenpolitische Ziel, die Stadt zu einem Missionszentrum für Nord- und Osteuropa zu machen, scheiterte allerdings. Nach abermaligen Zerstörungen verlegten die Erzbischöfe endgültig ihre Residenz nach Bremen; nur ein Domkapitel verblieb in der Stadt.

Die 1111 mit Holstein und Stormarn belehnten Grafen von Schauenburg ließen den strategisch und verkehrsgünstig gelegenen Ort zu einer Handelsstadt ausbauen. Ende des 12. Jahrhunderts wurde Hamburg mit weitgehenden Zoll-, Handels- und Schifffahrtsrechten ausgestattet. Um 1216 wird unter dänischer Herrschaft die erzbischöfliche Altstadt um St. Petri und gräflichen Neustadt um St. Nicolai zu einem städtischen Gemeinwesen zusammengefasst. Bereits 1225 fiel Hamburg an die Schauenburger zurück. Zu diesem Zeitpunkt hatte die Stadt etwa 1500 Einwohner. Die Schauenburger Herrscher konnten jedoch ihren Einfluss kaum mehr durchsetzen, weil der Rat der Stadt immer mehr Herrschafts- und Hoheitsrechte an sich zog. Hamburg wurde ähnlich

Grundriss und Ansicht von Hamburg, 1651, gezeichnet von Johann Meyer, gestochen von Matthias und Nicolaus Peters, Staatsarchiv Hamburg

Hamburg aus der Vogelschau, 1729, Kupferstich, Pieter van der Aa und Frederik de Wit, A. u. C. Simon, Staatsarchiv Hamburg

wie eine Freie Reichsstadt unabhängig und pflegte enge Beziehungen zur Hansestadt Lübeck. Beide Städte bildeten, verbunden durch gemeinsame politische und wirtschaftliche Interessen, das Rückgrat der Hanse.

Ende des 13. Jahrhunderts hatte sich die von einer Mauer umgebene Stadt flächenmäßig stark vergrößert und die Bevölkerungszahl gegenüber dem Jahrhundertbeginn mehr als verdreifacht. Gleichzeitig begann Hamburg systematisch sein Territorium auszubauen, um die Handelswege zu sichern. Um 1450 lebten in der prosperierenden Stadt schon fast 16 000 Einwohner.

Mit dem Niedergang der Hanse stand für Hamburgs Handel Anfang des 16. Jahrhunderts nicht mehr der Ostseeraum im Mittelpunkt, sondern der Handel mit den westeuropäischen Ländern und ihren überseeischen Besitzungen. Hamburg wurde zu einer weltoffenen Stadt. Ende des 16. Jahrhunderts waren von den 40 000 Einwohnern allein ein Viertel ausländische Neubürger, zumeist Kaufleute oder Reeder.

In dem von Religions- und Machtkämpfen zerrissenen Europa jener Zeit suchte sich die Handelsmetropole durch ihre Neutralitätspolitik aus den kriegerischen Auseinandersetzungen herauszuhalten, um ihre

Hamburg nach dem Brand von 1842, Lithographie, M. J. Cohen, Museum f. Hamburgische Geschichte, Hamburg

Selbständigkeit zu bewahren. Zur eigenen Sicherheit entstand zwischen 1616 und 1626 nach Plänen des holländischen Festungsbaumeisters Johann van Valckenburgh ein noch heute im Stadtgrundriss ablesbarer Befestigungsring, der das Stadtgebiet im Nordwesten erweiterte. Diese Erweiterung und die Trennung von Binnen- und Außenalster haben die Stadt deutlich verändert und vergrößert. Hamburg war zur stärksten Festung Nordeuropas geworden, und Dank seiner starken Befestigung blieb die Stadt vom 30-jährigen Krieg verschont.

Das 17. und 18. Jahrhundert sind geprägt von einer Phase schwerer Auseinandersetzungen zwischen Rat und Bürgern, die den wirtschaftlichen und kulturellen Aufschwung der Stadt bremsten.

Um 1800, in der Stadt leben inzwischen fast 130 000 Menschen, gab es im Gefolge der napoleonischen Kriege durch die Verhängung der Kontinentalsperre einen Rückschlag in der Stadtentwicklung. Von den Franzosen besetzt und als Hauptstadt des „Departements der Elbmündung" in das napoleonische Kaiserreich eingegliedert, verlor die Stadt nicht nur ihre Selbständigkeit, ihre überkommene Verwaltung und Verfassung, sondern wurde zusätzlich bis 1814 vom übrigen deutschen Binnenland durch französische Zollgrenzen getrennt. Im 19. Jahrhundert wandelte sich das Stadtbild erneut entscheidend. Der Baugrund konnte nicht beliebig erweitert werden, die massive Stadtbefestigung setzte der erforderlichen Expansion Grenzen, so dass die Höfe, Gärten und freien Plätze eng bebaut, die Häuser unterteilt und aufgestockt wurden.

Nach 1815 wurden die Festungswälle zur Schaffung von Parkanlagen geschliffen, der Dom, das Marien-Magdalenen-Kloster, das Kloster St. Johannis und Heilig-Geist-Kirche abgebrochen. Weitere einschneidende Veränderungen bewirkte der Große Brand vom 5. bis 8. Mai 1842, der etwa ein Drittel der Stadt mit den Kirchen St. Gertrud, St. Petri, St. Nikolai, die alte Börse und das Rathaus vernichtete. Aber auch zahlreiche öffentliche Gebäude und viele Wohnungen wurden vernichtet. Anstelle der mittelalterlichen Grundrissstruktur erfolgte der Wiederaufbau nach rationalen Gesichtspunkten mit gradlinig geführten, breiten Straßen.

In der zweiten Hälfte des 19. Jahrhunderts wurden die dicht bevölkerten Brook-Inseln im Süden der Stadt niedergelegt, um die Speicherstadt zu errichten. Die Choleraepidemie von 1892 schließlich führte zu ausgedehnten Flächensanierungen. Die Stadt wuchs immer schneller, und die eigentliche Altstadt wandelte sich immer mehr zur City, zur Geschäftsstadt. Lebten noch Anfang des 19. Jahrhunderts etwa 130 000 Menschen in der Stadt, waren es um 1880 schon über 400 000, Ende des Jahrhunderts dann 700 000 und 1913 bereits 1,3 Millionen.

Hamburg hat aufgrund der besonderen topographischen und wirtschaftlichen Lage seine Gestalt im Laufe der Entwicklung wandeln müssen. Der Gang der Geschichte hat Vorhandenes bewahrt, verändert oder letztlich ganz vergehen lassen. Die Vergegenwärtigung des historischen Ablaufs macht deutlich, daß die Stadt sich immer verändert hat und stets den jeweiligen Bedürfnissen und auch vermeintlichen Ansprüchen ihrer Anwohner angepasst wurde.

Archäologisch-baugeschichtlicher Gang durch die Altstadt

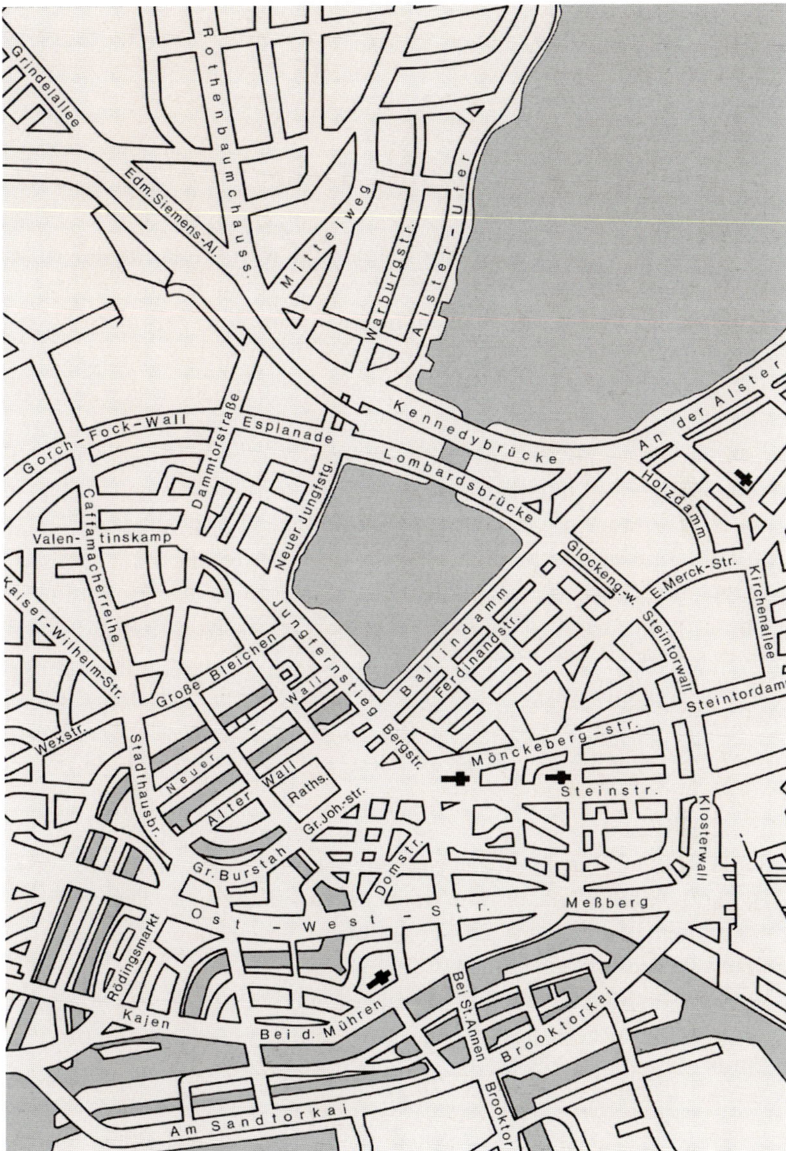

Der Hamburger Innenstadtbereich

Zufahrt
Speersort; U-Bahn Mönckebergstr.

Domplatz und Hammaburg-Gelände

Am Speersort stehend überschaut man das weite Gelände des Domplatzes, und nach Süden schauend erkennt man noch heute das deutliche Gefälle zur Elbe hin. Was sich heute als profaner Parkplatz darbietet, war einstmals die Keimzelle Hamburgs.

Der natürliche Geländesporn war schon in prähistorischer Zeit sporadisch aufgesucht worden. Die erste dauerhafte Besiedlung bildete eine Doppelgrabenanlage mit innenliegendem Wall – der allerdings archäologisch nicht nachgewiesen werden konnte – in spätsächsischer Zeit. Nach deren Aufgabe folgte eine dreiphasige Erdwallanlage, deren zeitliche Einordnung noch diskutiert wird. Frühestens kann sie in karolingischer Zeit entstanden sein und würde dann die Befestigung darstellen, in der Ansgar seinen Bischofssitz nahm. Von den schriftlich überlieferten drei Holzkirchen, die nach 830/831 in Abfolge entstanden sein müssen, gibt es keine sicheren archäologischen Nachweise, schon gar nicht von Klausurgebäuden. Bodenfunde weisen jedenfalls kontinuierlich erst in die Zeit ab der zweiten Hälfte des 9. Jahrhunderts (siehe Abb. S. 38).

Ohne Zweifel war aber hier der unter Bischof Bezelin/Alebrand erste aus Stein erbaute Dom gelegen, der nach 1035 errichtet wurde. Eine zurückreichende Platzkontinuität scheint aber durch das Festhalten an der Grabstätte des hier 975 in Verbannung verstorbenen abgesetzten Papstes Benedikt V. gegeben zu sein.

In der Nachfolge entstand hier der gotische Dom, dessen Abriss ab 1804 ein bedeutendes Baudenkmal Hamburgischer Geschichte vernichtete. Von diesem ist nichts geblieben bis auf das Pfeilerfundament, das noch heute auf dem Gelände zu sehen ist. Wenn man von diesem aus Richtung Pressehaus, vor dem die Apsis gelegen war, schaut erfasst man ungefähr die Längsausdehnung dieser einstmals bedeutendsten Kirche Hamburgs.

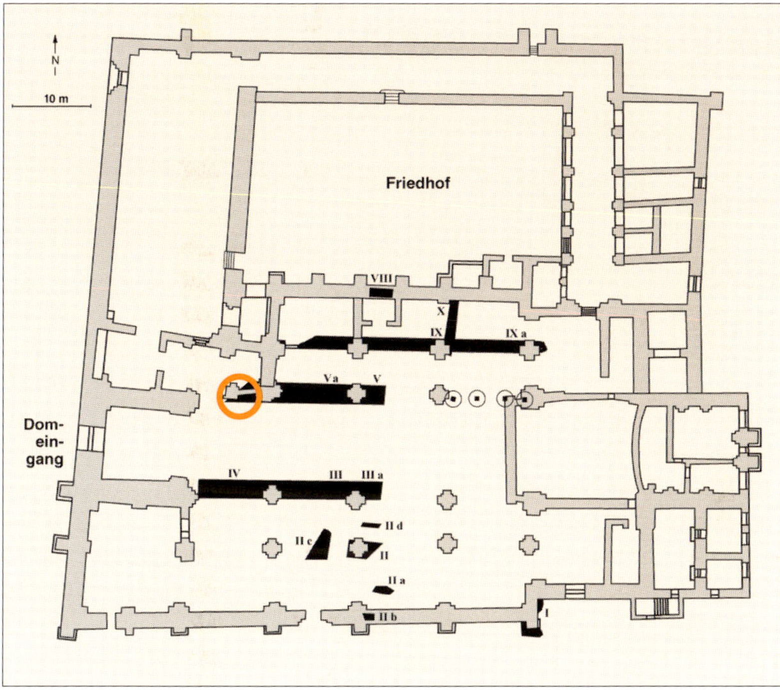

Grundriss des gotischen Domes, eingekreist das Pfeilerfundament, das heute auf dem Domplatz in situ erhalten ist. Das Langhaus wurde noch vor Mitte des 13. Jahrhunderts errichtet.

Zufahrt
Schauraum „Bischofsturm“, Speersort 10, im Kellergeschoss unter dem Gemeindehaus von St. Petri, U-Bahn Mönckebergstr.
Mo - Fr: 10 - 13 und 15 - 17 Uhr, Sa: 10 - 13 Uhr

Der Bischofsturm

Das runde Steinfundament des als „Bischofsburg“ bezeichneten Bauwerks in der Hamburger Altstadt wirft auch heute, nahezu 40 Jahre nach seiner archäologischen Entdeckung, noch viele Fragen auf. Seine zentrale Lage am Speersort in der Nähe des Domgeländes und seine ungewöhnliche runde, in Stein ausgeführte Form deuten auf eine wichtige Funktion über einen Zeitraum im mittelalterlichen Hamburg hin (Vergl. Beitrag Harck, Seite 32). Die weiterführenden Auswertungen der am benachbarten Domplatz über mehrere Jahre von der Hamburger Bodendenkmalpflege durchgeführten Grabungen legten nahe, auch die in naher räumlicher Beziehung stehende „Bischofsburg“ wieder einmal zu betrachten.

Die Grabungen am „Bischofsturm“

Durch die anstehende Bebauung des Trümmergrundstücks am Speersort/Kreuslerstraße wurde im Jahre 1962 eine archäologische Untersuchung des betroffenen Geländes nötig. Bei insgesamt vier Grabungskampagnen in den Jahren 1962 bis 1965 traten das erwähnte, runde Steinfundament, ein kleinerer, als Brunnen zu deutender Steinring und einige Gruben in mehreren Schnitten zutage. Das Fundspektrum umfasste neben Keramikscherben einige Abschläge aus Feuerstein, ein neolithisches Flintbeil, einen Mahlstein, eine bronzene Nadel und einen Schreibgriffel, ebenfalls aus Bronze. Die Grabungsauswertung durch Bohnsack im Jahr 1986 befasst sich mit Fragestellungen speziell zum Errichtungszeitraum und der funktionellen Einordnung des ungewöhnlichen kreisförmigen Baugrundrisses.

Leider ergaben die Ausgrabungen nur eine geringe Menge auswertbarer Objekte (116 Scherben, zwei Metallobjekte, Flintartefakte), insbesondere fehlen sie im Fundamentbereich und in der Brunnenverfüllung. Es konnten keine Funde, die jünger als in das 11. Jahrhundert datieren, im Fundamentbereich geborgen werden, was das Errichtungsdatum des Bauwerks auf diesen Zeitraum festlegt. Die nochmalige Durchsicht der Funde soll zum Abbruch des „Bischofsturmes“ und seiner Baugeschichte Hinweise geben, wobei die Bearbeitung allein die Datierung des Baus, bzw. des Abbruchs zum Ziel hatte.

Die Befunde

Das zum größten Teil freigelegte runde Turmfundament konnte auf Grund der Konservierung und anschließenden Ausstellung nicht abgebaut werden; es ist heute noch in diesem Zustand zu besichtigen. Alle Angaben zu Fundament und Baugrube sind im Randbereich und bei den Pfeilerfundamentierungen des nachfolgend errichteten Gebäudes gewonnen worden. Außen- und Innenrand des Fundamentes werden von größeren Blöcken gebildet, der Zwischenraum besteht aus mit Marschenschlick vergossenen Rollsteinen. Der ähnlich konstruierte Brunnenring schmiegt sich an den größeren Ring an, ist aber konstruktiv nicht mit dem Baukörper verbunden. Ob der Brunnen gleichzeitig mit dem Turm oder später angelegt worden ist, ist nicht eindeutig zu sagen, durch die räumliche Anordnung ist auf jeden Fall ein Bezug hergestellt und eine Zugehörigkeit wahrscheinlich. Die relative Fundleere deutet auf eine nicht sehr intensive Nutzung hin, wenn nicht von einer regelmäßigen Leerung oder einer gründlichen Abdeckung des Brunnens ausgegangen werden muss. Es treten einzelne Scherben des 11./12. Jahrhunderts auf, in der darüber liegenden Aufschüttung auch des 13. Jahrhunderts. Es ist zu fragen, ob die Konstruktion durchgehend oder nur saisonweise genutzt wurde.

Bedauerlicherweise ist die südliche Umfassung des Fundamentes durch den Bau der Rohrpost zu einem früheren Zeitpunkt zerstört worden, doch fällt an der südöstlichen Ecke ein Vorsprung in der Steinsetzung auf. Dieser Vorsprung konnte im Gelände nicht weiter verfolgt werden, scheint aber einen leicht bogenförmig eingezogenen Verlauf zu nehmen. Eventuell ist hier eine Fundamentierung für einen Treppenaufgang angeschnitten worden, wenn nicht an eine aus organischem Material gefertigte Zugangsmöglichkeit gedacht werden muss. Da nicht genügend Aufgehendes erhalten ist, kann über die Form des Zugangs nur spekuliert werden. Brunnen und Turmgebäude scheinen im 12./13. Jahrhundert abgebrochen und verfüllt worden zu sein, das Gelände erhielt eine neue Bebauung. Die Datierung des Abbruchs wird insbesondere durch Keramikfunde aus Schichten oberhalb der in situ erhaltenen Teile sowohl des Turms, als auch des Brunnenfundaments unterstützt. Die Notwendigkeit eines wie auch immer genutzten Turmbaus war offensichtlich nicht mehr nötig.

In diese Zeit datiert auch eine östlich des Ringfundamentes gelegene Feuerstelle, deren Funktion unklar ist. In ihr fand sich neben einer Anzahl Scherben und einigen Tierknochen der bronzene Schreibgriffel, der zu einem späteren Zeitpunkt noch genauer zu beschreiben ist.

Von Beginn seiner Entdeckung an ergab sich die Frage der Funktion dieser ungewöhnlichen Konstruktion. Bohnsack kommt zu dem Schluss, dass es sich um den bei Adam von Bremen erwähnten Steinbau des Bischof Bezelin (1035-1043) handeln könnte. Sowohl Datierung als auch Bauweise widersprechen dem offenbar nicht. Das gewaltige Fundament und die massive Ausführen haben einen fortifikatorischen Charakter, der angebaute Brunnenturm spricht für den Wunsch einer unabhängigen Wasserversorgung in Belagerungszeiten.

Ob sich der Bau nun mit einer speziellen Person verbinden lässt, ist schwierig nachzuweisen. Zwei Varianten lassen sich hierzu durchdenken. Einmal könnte der Turm von Bischof Bezelin errichtet und später, vielleicht bei der Übernahme der Grundstücke durch die Stadt, abgebrochen worden sein.

Zum Zweiten könnte schon im 11. Jahrhundert das fragliche Grundstück im Besitz der Stadt gewesen sein; in diesem Fall wäre eine Deutung als Befestigungswerk in städtischem Zusammenhang mit Wach- oder Wohnfunktion anzunehmen, der im 13. Jahrhundert abgebrochen worden wäre. Für beide Lösungen lassen sich Argumente finden; sie sind letztendlich dennoch Spekulation, da nicht genügend aussagekräftige Befunde erhalten sind.

Die Funde

Die Durchsicht des Scherbenmaterials, das aus 116 Keramikscherben besteht, ergibt 26 für eine Datierung brauchbare Fragmente. Neben den mittelalterlichen Scherben treten auch spätsächsische Randscherben

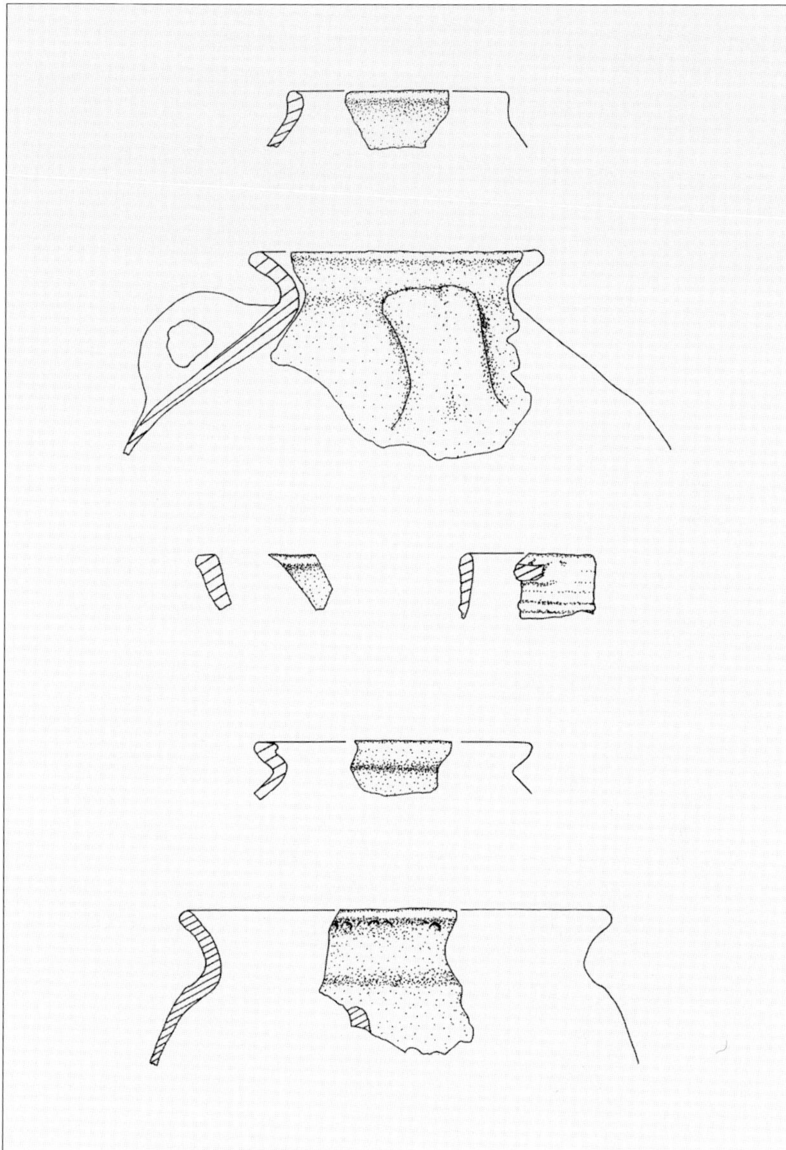

Ausgewählte Keramik aus dem Fundament und der Verfüllschicht

Turmfundament während der Ausgrabung, gesehen vom Turm der St. Petri-Kirche

auf, die, ebenso wie das Steinbeil und die Feuersteinabschläge aus älteren Gruben auf dem Gelände am Speersort stammen. Schon in früheren Zeiten scheint sich also die Spornlage als Siedelgebiet angeboten zu haben; ähnliches ist wiederholt bei den Domplatzgrabungen beobachtet worden. Dieses Fundgut wird hier nicht weiter berücksichtigt.

Die mittelalterlichen Keramikfunde stammen aus dem Fundament und dem Fundamentgraben, der unmittelbaren Verfüllschicht von Turm und Brunnen, in größerem Umfang aus einer Feuerstelle nordwestlich des Ringfundamentes, sowie aus dem Nord-Süd-Profil durch den Brunnen und den Bereich der Straße unter dem Speersort. Schließlich sind verschiedene Scherben aus dem Abbruchschutt unmittelbar oberhalb der in situ erhaltenen Fundamente geborgen worden. Neben weicher und harter Grauware tritt Faststeinzeug und rote glasierte Irdenware auf. Aus dem Brunnenfundament konnte neben zwei Wandungsscherben aus weicher Grauware eine Bronzenadel mit beschädigter Spitze geborgen werden, die mit einer Durchbohrung am Kopf versehen ist. Leider kann die Nadel nicht näher chronologisch eingeordnet werden, sie ist allgemein als „mittelalterlich" einzustufen.

Aus dem Innenbereich des Turmfundaments liegen kaum ungestörte Schichten vor, da schon im Mittelalter Abbruch und Neubebauung des Geländes erfolgten, wobei das Gelände tiefgründig umgestaltet wurde. Lediglich ein kleines Stück einer Lauffläche aus dem 11. Jahrhundert, vermutlich vom Bau des Turmes, blieb erhalten.

Der Schreibgriffel

Der in der Feuerstelle aufgefundene bronzene Schreibgriffel weist nach einer erfolgreichen erneuten Restaurierung eine Gesamtlänge von 13,7 cm auf. Auch kann erstmals das zuvor unvollständige Endstück begutachtet werden. Dieses ist in Form einer Hand ausgebildet; die Finger sind geschlossen dargestellt. Ob eine Durchbohrung zur Befestigung einer Aufhängung vorhanden war, lässt sich durch den schlechten Erhaltungszustand des Endstückes nicht klären, ist aber durch Vergleiche mit ähnlichen Griffelenden nicht unwahrscheinlich. Die Hand ist vom Rest des Griffels durch einen profilierten Absatz getrennt, zwei rhombische, facettierte Teilstücke sind ebenfalls von Profilierungen begrenzt. Auf dem Handrücken scheinen sich schräg verlaufende Linien zu befinden;

allerdings ist das Stück an dieser Stelle stark beschädigt und damit eine beabsichtigte Verzierung nicht sicher nachweisbar.

Dieses Erscheinungsbild setzt den Griffel in die von Volker Schimpff aufgrund der von ihm aus der Literatur erschlossenen Verbreitung so bezeichnete Harzer Gruppe der mittelalterlichen Schreibgriffel, und zwar in die Typgruppe 2b. Durch den Fundzuwachs, verursacht durch den verbesserten Forschungsstand in der Mittelalterarchäologie, ist heute eher von einer norddeutsch-südskandinavischen Verbreitung auszugehen, mit einer Fundkonzentration im Harz und am Niederrhein. Ob die Griffel diesen Typs auch in diesem Gebiet hergestellt wurden, ist nicht klar. Die einzelnen Stücke weisen neben grundsätzlichen Ähnlichkeiten wie dem Handabschluss und facettierten Elementen starke Unterschiede in der Ausgestaltung auf, was auf eine individuelle Fertigung in unterschiedlichen Werkstätten schließen lässt. Eine Herkunft aus einer bestimmten Fertigungsregion ist damit allerdings nicht ausgeschlossen.

Der überwiegende Teil der Griffel der Harzer Gruppe datiert in das 12./13. Jahrhundert; hier fügt sich das vorliegende Exemplar mit einer Datierung in eben diese Zeit gut ein. Selten finden sich Griffel dieses Typs in Kirchen und Klöstern, sie scheinen häufig in Städten und Burgen aufzutreten, im Gegensatz zu Griffeln mit abgeflachtem Ende, die älter datieren und verstärkt in Klöstern zu finden sind. In dieser Zeit

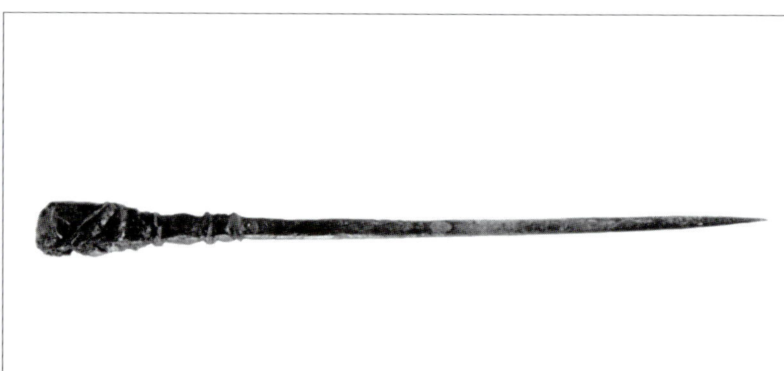

Schreibgriffel

scheint eine Schriftführung auch außerhalb der Klöster in Handel und Handwerk notwendig geworden zu sein. Das Bildungsmonopol der Kirche beginnt sich aufzulösen, auch Hamburger Bürger begannen im Mittelalter, ihre Geschäfte selbst schriftlich festzuhalten.

Zusammenfassung

Im vorausgegangenen Überblick ist das Fundgut des „Bischofsturms" genauer begutachtet worden. Als herausragender Fund ist hierbei ein bronzener Schreibgriffel anzusehen, der neben einem weiteren Griffel vom Dornbusch eines der wenigen veröffentlichten Exemplare für Hamburg darstellt. Es ist allerdings zu vermuten, dass noch weitere Stücke unentdeckt im Magazin ruhen. Dieser recht seltene Fund beleuchtet die Bedeutung der Schriftlichkeit im Hamburger Bürgertum des hohen Mittelalters. Weiterhin ist die Keramik einer näheren Untersuchung unterzogen worden. Neben einigen vorgeschichtlichen Scherben aus Siedlungsgruben, die vor dem Turmbau angelegt wurden, ergibt sich ein Spektrum der mittelalterlichen Keramik des 11. bis 13. Jahrhunderts. Diese Zeitspanne umfasst wohl auch die Nutzungsdauer des Turmgebäudes von seiner Errichtung bis zu seinem Abbruch. Unklar bleibt die Funktion der in die Zeit des Abbruchs datierenden Feuerstelle, in der sich der Griffel und ein Großteil der Keramik fand. Sie scheint mit der nachfolgenden Bebauung in Verbindung zu stehen, eine direkte Zuordnung zum Rundfundament ist aufgrund der fehlenden Befunde nicht möglich.

Der „Bischofsturm" bestand für ein so massiv errichtetes Bauwerk für eine relativ kurze Zeit. Ob der Bau von Bischof Bezelin oder in städtischem Zusammenhang errichtet wurde, ist nicht mit Sicherheit festzustellen. Auch seine Nutzung, ob rein fortifikatorisch, zur dauerhaften oder zeitweisen Bewohnung, ist nicht endgültig zu klären, da umfassende Befunde gerade aus dem Innenbereich fehlen. Sicher ist, dass schon im Mittelalter sein Abriss und damit eine Nutzungsänderung des Geländes erfolgte. Welche Absicht sich damit verband und wer diese Maßnahme ergriff, bleibt eine offene Frage.

Der Heidenwall

Wenn auch heute nichts mehr von dieser Befestigungsanlage erkennbar geblieben ist, was aber noch zu Beginn des 20. Jahrhunderts durch Grundrisszuschnitte der Fall war, bedarf es eines Hinweises auf den Heidenwall, um die frühe Entwicklung der Verteidigungsanlagen verständlich zu machen. Die Namensgebung ist erst aus dem späten Mittelalter überliefert und knüpft an die Überfälle auf Hamburg 845, 983 und 1072 an, ohne mit diesen direkt in Verbindung gebracht werden zu können. Die Namensgebung erfolgte erst in einer Zeit, als der Wall längst funktionslos geworden war.

Es ist nicht überliefert, wer ihn errichtet hat und wann dieses geschah. Sicher ist nur, dass dieser Abschnittswall mit vorgelagertem Graben angelegt wurde, als ältere Befestigungen der Hammaburg nicht mehr in Funktion waren. Er zog sich in seichtem Bogen vom Schopenstehl bis hin an die Binnenalster, wo etwa die Rosenstraße auf diese trifft.

Der Heidenwall stellt eine nur unvollkommene Befestigung dar. Sollte er gegen befürchtete Überfälle gedacht gewesen sein, wäre seine Errichtung im 10. Jahrhundert denkbar und sinnvoll. Bis in das 13. Jahrhundert war er in Funktion und wurde durch die umfassende Mauerbefestigung mit Türmen und Toren um 1240 abgelöst, die nun viel perfekter die Stadt schützte.

Eine für Erzbischof Bezelin (ab 1035) im Anspruch genommene Ummauerung der Stadt mit Türmen ist, wenn überhaupt begonnen, in Ansätzen stecken geblieben.

Der Heidenwall wurde im 14. bis 16. Jahrhundert abgetragen. Der Graben degenerierte teilweise zu einem Abwasserkanal (Hasenmoor genannt).Die wenigen archäologischen Beobachtungen zum Heidenwall haben seine Chronologie bisher nicht erhellt.

Demnach geht man nicht fehl in der Beurteilung, dass der Heidenwall eine Phase der Stadtentwicklung eher von minderer Bedeutung kennzeichnete. Der Heidenwall steht chronologisch und typologisch zwischen starker Hammaburg-Befestigung und der mittelalterlichen Mauerumringung. Er kennzeichnet eine Phase des Übergangs hin zu der aufstrebenden Stadt der folgenden Hansezeitzeit.

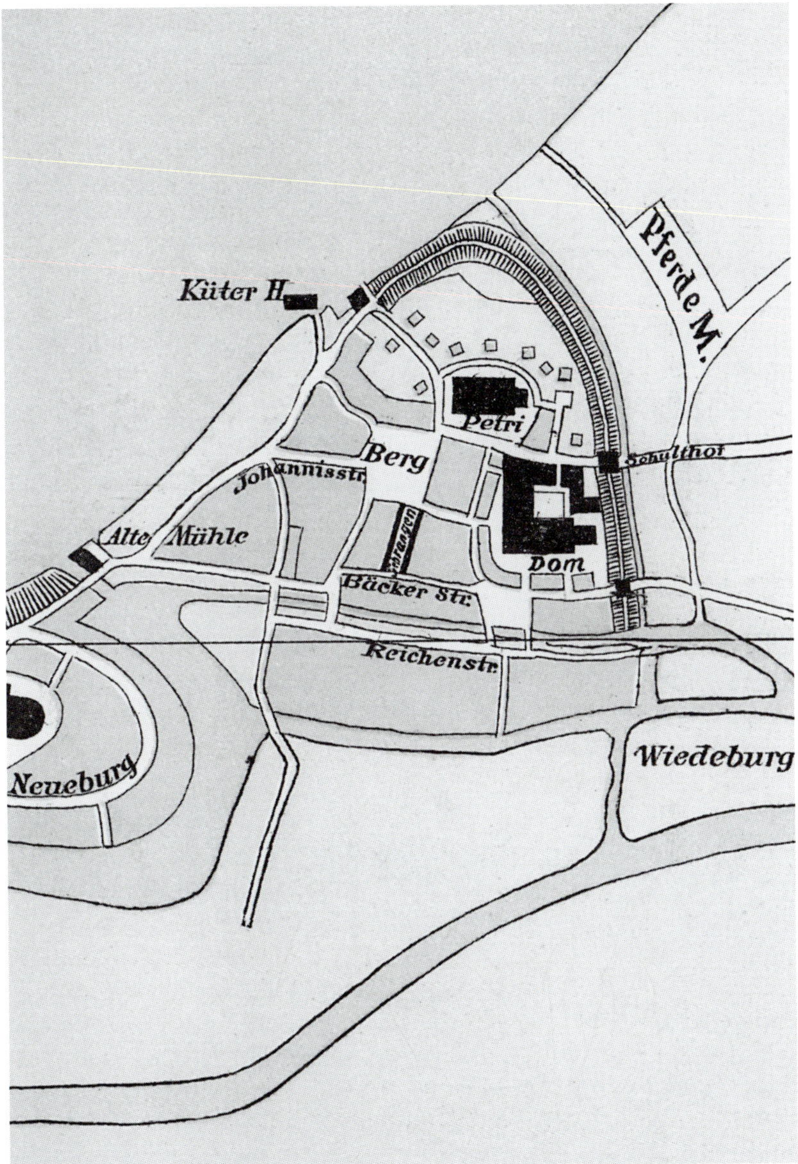

Altstadt-Grundriss mit Verlauf des Heidenwalls im 12. Jahrhundert (nach E. H. Wichmann, 1907)

Lediglich im Bereich der so genannten Bischofsburg ist der Wall in seinem Verlauf fassbar. Ob diese als solche fungierte oder den Rundturm eines Befestigungsturms zum Heidenwall darstellte, wird heute kontrovers gesehen, da die Ausgrabungsbefunde nicht eindeutig zu interpretieren sind.

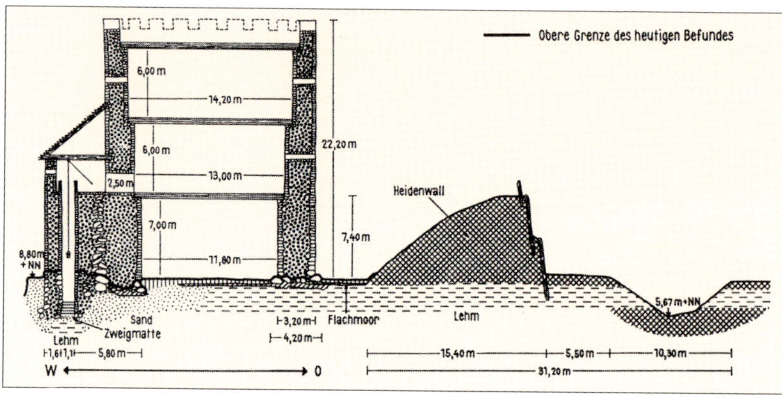

Rekonstruktionsversuch von „Bischofsburg" und Heidenwall

Die Reichenstraßeninsel

Diese war ursprünglich von zwei Armen der Bille umflossen und damit im Marschenland gelegen, südlich des Geländesporns, auf dem sich die Hammaburg erhob. Später hat man diese Wasserläufe als Reichenstraßenfleet (zugeschüttet 1877) und Gröningerfleet (zugeschüttet 1964) bezeichnet. In heutigen Stadtgrundriss ist diese Insel noch klar mit der Reichenstraße und der Ost-West-Straße umschrieben, also unterhalb des Domplatzes.

Außerhalb der Hammaburg und ihres Suburbiums fand hier die älteste Besiedlung statt, schon für das 9. Jahrhundert mit agrarisch strukturierten Gebäuden in lockerer Bebauung. Um 1180 war dieses Siedlungsland vor Überflutungen nicht mehr sicher. Der Anstieg des Tidehochwassers hatte sich durch die Eindeichungen an der Niederelbe als Rückstau bis nach Hamburg ausgewirkt. Auslösend dafür war die Kolonisation und Eindeichung des Alten Landes in eben dieser Zeit.

Die einzig mögliche Reaktion auf dieses Geschehen war eine Landaufhöhung, sollte man das Siedlungsareal erhalten. Dies geschah durch einen Bodenauftrag von ca. 2,5 m durchgehend auf der ganzen Insel. Nun wurden einheitlich bemessene Parzellen von ca. 6,5 m Breite von Ufer bis Ufer gebildet. Die einzelnen Parzellen wurden durch Holzkonstruktionen befestigt, und zwischen jeder lag ein schmaler Graben. So haben es die Grabungsbefunde auf diesem Gelände an mehreren Stellen ausgewiesen, so dass man davon ausgehen darf, dass der Vorgang in einem Zuge realisiert wurde.

Es sind auf diese Weise ca. 42.000 m^2 Bodenauftrag erfolgt. Es ist nicht erkennbar, wie eine derartig umfassende Aufgabe organisiert wurde. Das auf einer Parzelle beobachtete Bauopfer in Form einer Pferdebestattung mit Reisigabdeckung und Beigabe von Hühnereiern ist bemerkenswert und weist auf ältere heidnische Traditionen.

Die nachfolgende Bebauung bezeugt einen entscheidenden Wandel. Jetzt siedeln sich nur Handwerker und Händler an, wie eine in Backstein errichtete Kemenate ausweist, die einzige, die bisher in Hamburg archäologisch nachgewiesen werden konnte. Nachfolgend wächst das Gebiet zum ältesten Handelszentrum der Stadt heran. Die Abmessungen der ersten festgelegten Parzellen haben sich bis in das 19. Jahrhundert unverändert erhalten, und die Entwicklung des Hausbaus – dessen Gliederung im Vorderhaus, dahinter gelegenen Wirtschaftsbauten und die späteren Wirtschaftsbauten im rückwärtigen Grundstück - bestimmt. Die Hauptorientierung richtete sich auf das Reichenstraßenfleet aus.

Die Ansicht der Stadt von Braun-Hogenberg lässt diese Struktur bildlich noch gut erkennen (siehe S. 52).

Im heutigen Zürich-Haus findet man im nördlichen Innenhof einige Quader der einzigen Ufermauer vom Gröningerfleet und in der südlichen Passage zwei Vitrinen mit Ausgrabungsfunden und Erläuterung über diesen Siedlungsprozess.

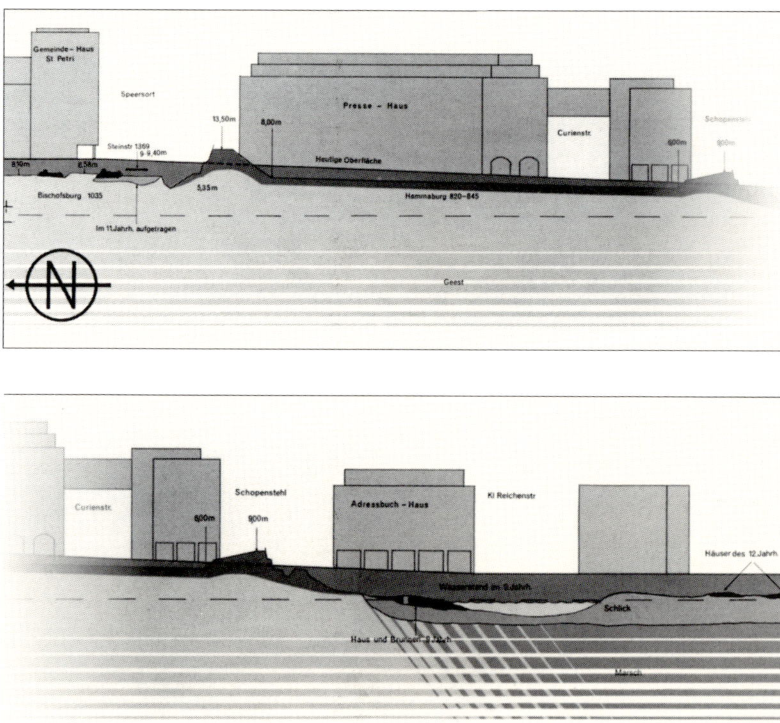

Nord-Süd-Profil der Besiedlung in der Hamburger Altstadt im Bereich Hammaburg und Reichenstraßeninsel

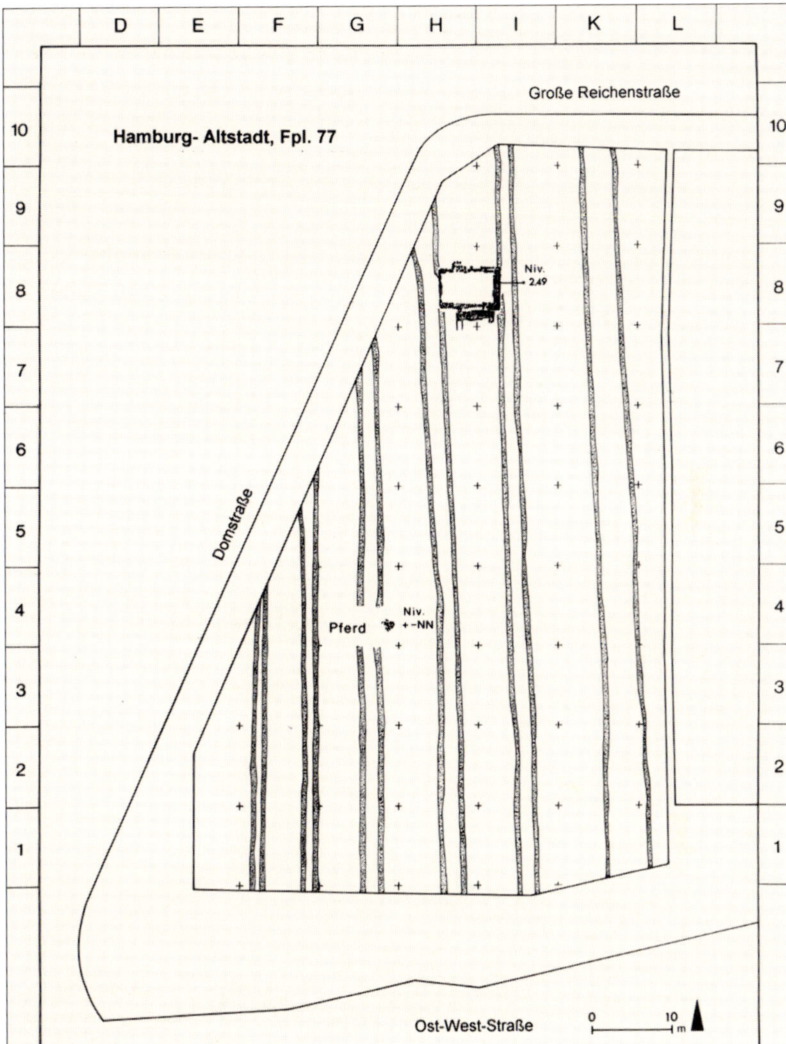

Parzellenstruktur auf der Reichenstraßeninsel nach 1180

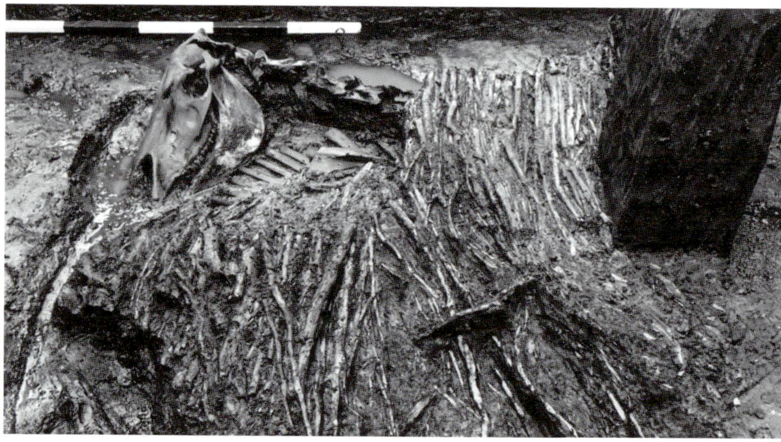

Pferdeopfer (Baubefund) auf der Reichenstraßeninsel

Quaderblöcke aus Granit als Teil der Ufermauer am Gröningerfleet

Die älteste Schiffsanlege

Am nördlichen Arm der Bille/Reichenstraßenfleet wurden während der Altstadtgrabungen nach dem Krieg auch mehrere Uferbefestigungen beobachtet, die eine Wasserfront als Schiffsanlege dokumentieren, an der Schiffe zum Laden und Entladen längsseitig anlegen konnten. Drei Befunde befanden sich am nördlichen Ufer, einer am südlichen.

Lage der ältesten bekannten Uferanlagen für eine Schiffsanlege

1. Grabung am Dornbusch

Der stark gestörte Befund belegt eine Holzkonstruktion an der Wasserfront, deren Konstruktion nicht klar erkennbar ist. Eingerammte Pfähle stützten offensichtlich eine Bohlenverkleidung. Dahinter befand sich ein Bodenauftrag, der vermutlich auf der Oberfläche mit Bohlen belegt war. Somit war eine Uferkante geschaffen. Zu dieser führte eine Holztreppe herab, die aus Bohlen gefertigte Stufen aufwies. Die Datierung weist in das 10. Jahrhundert.

2. Kleine Bäckerstraße

An dem wasserseitigen Ende der Parzelle fand sich eine Uferbefestigung aus Klobenhölzern mit Holzbohlenbelag auf der Landseite, Außerdem wurde ein Zugang vom Wasser mit Steinpflasterung und Flechtwandeinfassung beobachtet, welche R. Schindler als Furt interpretierte. Auch am Ufer befanden sich Flechtwandfaschinen. Diese dürften die älteste Form der Uferbefestigung darstellen. Die sog. Furt könnte auch zum Heraufziehen von Booten gedient haben. Schindler datiert die Befunde in das frühe 9. Jahrhundert.

Flechtwandkonstruktion als Wasserfront

3. Am Alten Fischmarkt

Eine faschinenartige Uferbefestigung bildete die Wasserfront. Zu dieser führte von der Geestkante eine Treppe herab, die von unbehauenen Buchenstämmen gebildet war. Die Datierung: Mitte des 9. Jahrhunderts.

Treppe am Alten Fischmarkt

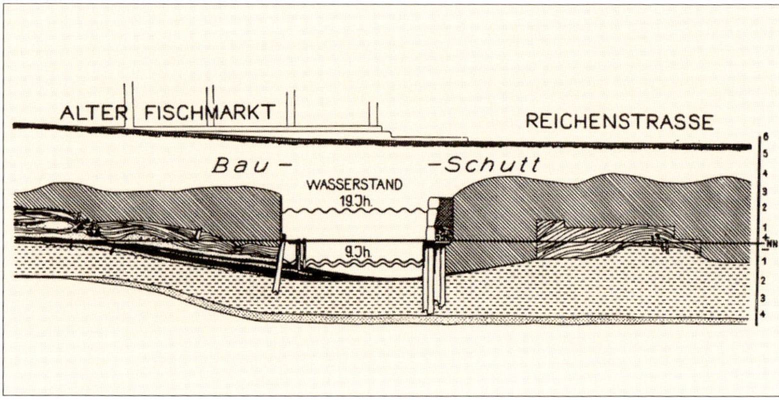

Querschnitt durch das Reichenstraßenfleet

4. Baubeobachtungen Schmiedestraße

Ein künstlich gegrabener Hohlweg führte zum Ufer. Dieser wurde im 11. Jahrhundert verfüllt und mit einem Bohlweg belegt. Am südlichen Ufer des Fleetes bestand die Uferbefestigung aus eingerammten Pfählen, auf denen eine Feldsteinmauer ruhte, diese ist spätmittelalterlich zu datieren.

Zusammenfassung

Aus den bisher bekannten Beobachtungen ergibt sich, dass in der ersten Hälfte des 9. Jahrhunderts die Uferkante durch Flechtwandfaschinen gebildet wurde. Im 9./10. Jahrhundert folgten Bohlwände. Wann die ersten Feldsteinmauern entstanden, ist bisher nicht datierbar, wohl aber sind sie am Ende des Mittelalters vorhanden.

Die Befunde liegen alle an der Großen Reichenstraße westlich der Hammaburg, aber auch unterhalb dieser sind vergleichbare Anlagen zu vermuten.

Alsterburg und Neue Burg

Im Stadtbild ist nichts von ihnen geblieben, aber eine Erwähnung ist erforderlich, da sie zum Wachsen und Werden der Stadt als landesherrlicher Gegenpol zur erzbischöflichen Präsenz beigetragen haben.

Der Billunger Herzog Bernhard II. errichtete zwischen 1035 und 1043 die Alsterburg, eine Turmburg mit rechteckigem Maß. Aber die Fundamente dieser, die bei der Errichtung des neuen Rathauses entdeckt wurden, erfassten wohl nur die nach 1126 erneuerte Anlage. Schon 1142 wurde diese zerstört und ging in die Bauten des Johannisklosters über.

Um 1066 war bereits die Neue Burg entstanden, jenseits der Alster als neuer Sitz der Herzöge. Das Billunger Erbe ging an die Grafen von Schauenburg über (1110), die sich bald nach Stormarn zurückzogen. Als sich ab 1189 die Neustadt entwickelte, wurde damit die Neue Burg, inzwischen als Sitz aufgegeben, einbezogen. Die ältere Nikolaikirche entstand, und in deren Schatten eine Kaufmannssiedlung (1195). Hamburg wuchs dadurch bedeutend an. Die Lage der Neuen Burg ist heute im Areal rund um die Ruine der neuen Nikolaikirche umschrieben.

Von beiden Burgen sind keine Reste erhalten, nur ihre topographische Lage im Stadtgrundriss war einstmals bedeutend. Die erstarkende Stadt hat sich ihrer Präsenz alsbald entledigen können.

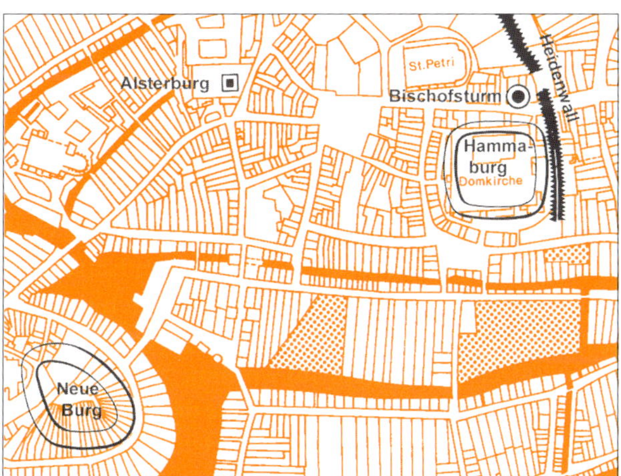

Lage von Alsterburg und Neuer Burg auf dem historischen Stadtgrundriss

Hauptkirche St. Petri

Die Petri-Kirche ist eine der fünf Hauptkirchen der Stadt Hamburg. Sie ist die älteste bezeugte unter den Pfarrkirchen der Innenstadt. Sie wurde wohl in der ersten Hälfte des 11. Jahrhunderts in Verbindung mit der Marktsiedlung am „Berg" gegründet. 1195 ist sie erstmalig als Marktkirche bezeugt. Der mittelalterliche Baubestand der Kirche, ein dreischiffiger Hallenbau aus der ersten Hälfte des 14. Jahrhunderts, fiel dem Großen Brand von 1842 zum Opfer. Unter Leitung des Architekten Alexis de Chateauneuf und unter Mitarbeit von Hermann Peter Fersenfeldt wurde der Neubau der Kirche unverzüglich auf den alten Fundamenten in Angriff genommen. Der zwischen 1844 und 1849 errichtete Neubau orientierte sich strukturell am Erscheinungsbild des abgebrannten gotischen Vorgängerbaus.

Der neugotische Backsteinbau suchte den engen Anschluss an das durch Brand zerstörte mittelalterliche Baugefüge. Seine besondere Bedeutung gewinnt der noch vor der Jahrhundertmitte vollendete Neubau aus der Bemühung des Architekten Chateauneuf, einerseits Anschluss zu finden an die bodenständige mittelalterliche Baukunst Norddeutschlands und andererseits im Sinne Schinkels die neugotische Architektursprache mit einer spätklassizistischen Raumwirkung zu verbinden. Mit seinem reichen skulpturalen Bauschmuck und seiner vielfältigen Ausstattung gehört die Petri-Kirche, die den Krieg weitgehend unversehrt überstanden hatte, zu den herausragenden Baudenkmalen der Freien und Hansestadt Hamburg. Mit einer weit über die Grenzen der Stadt hinaus wirkenden Bedeutung für die Geschichte des neugotischen Kirchenbaus kommt der Petri-Kirche in dieser Hinsicht zweifellos eine besondere nationale Bedeutung zu.

Das mittelalterliche Baugefüge, eine vierschiffige Hallenkirche über asymmetrischem Grundriss, ist von Chateauneuf nach Grundsätzen der Symmetrie zu einer neugotischen Halle umgestaltet worden und auf geistvolle Weise in eine neuartige, deutlich als Predigtsaalkirche gekennzeichnete Gesamtkonzeption umgeformt worden.

Die Ausstattung von St. Petri stammt zum Teil aus der Zeit des neugotischen Wiederaufbaus nach 1842 sowie aus Einzelstücken, die 1842 vor dem Feuer in Sicherheit gebracht werden konnten. Neben ge-

St. Petri, Ansicht von Südosten

St. Petri, Blick vom Altar zum Orgelprojekt

schnitzten Kreuzigungsgruppen der Spätgotik und des Barocks sind Hauptstücke die Kanzel am östlichen Langhaus-Nordpfeiler, die insbesondere durch ihre Schalldeckelbekrönung aus der Zeit um 1400 hervorgehoben wird, sowie eine kürzlich restaurierte Madonna mit Kind, die um 1470 entstanden ist und einem lübeckischen Bildhauer zugeschrieben wird.

Hauptkirche St. Jacobi

Die 1255 erstmals erwähnte Hauptkirche St. Jacobi war seit 1260 in den Befestigungsring der Stadt einbezogen. Ab 1340 wurde ein Backsteinneubau nach dem Vorbild der benachbarten Petri-Kirche errichtet, jedoch entsprechend des geringeren Wohlstands des hauptsächlich von Handwerkern bewohnten Kirchspiels in vereinfachter Form und kleiner. Die Arbeiten, die einen kräftigen Westturmriegel dem Langhaus voranstellten, liefen bis ins frühe 15. Jahrhundert. Zwischen 1493 und 1503 wurde die Kirche nach Süden um ein zweites Seitenschiff erweitert. Die 1944 ausgebrannte Kirche, der einstürzende neugotische Turmaufsatz zertrümmerte dabei die Gewölbe, wurde 1951 bis 1963 umfänglich wiederhergestellt, dabei wurde der Turmaufsatz in moderner Formsprache erneuert.

Der mittelalterliche Kernbau umfasst eine dreischiffige Backsteinhalle von fünf Jochen mit gestaffeltem Dreiabsidenchor und Turmriegel im Westen aus quadratischem Mittelturm und schiffshohen Turmseitenkapellen. Die Westfront wurde 1737 bis 1743 von Johann Nikolaus Kuhn zur statischen Sicherung durch fünf starke pilasterartig vorgeblendete Stützpfeiler gegliedert. Das Turmportal aus Sandstein in Form einer Pilasterädikula zeigt die Figur des Heiligen Jakobus im durchbrochenen Segmentbogengiebel, die 1734 von M. Dücker geschaffen wurde. Die Bronzetür ist 1966 von J. Weber entworfen worden. Im Winkel zwischen Haupt- und nördlicher Nebenapsis hat sich ein bemerkenswerter zweigeschossiger Anbau mit Sakristei und Kirchensaal erhalten, der im Kern 1434 bis 1438 entstand. Über der mit Kreuzrippengewölben versehenen Sakristei im Untergeschoss befindet sich der 1710 bis 1711 neu ausgestattete Kirchensaal. Unter einer schlichten Stuckdecke mit allegorischen Gemälden sind die Wände mit großen Landschaftsmalereien von J. M. Riesenberger verkleidet. Der Kirchensaal ist eins der wenigen erhaltenen Zeugnisse barocker Innenräume in der Hamburgischen Innenstadt. Unter der reichen Ausstattung ragen die drei im Osten aufgestellten spätgotischen Altäre heraus, so der heute als Hauptaltar dienende St. Trinitatis-Altar der Böttcher, ein geschnitztes Flügelretabel des zweiten Jahrzehnts des 16. Jahrhunderts, eine Hamburgische Arbeit, der St. Annen- und Petri-Altar der Fischer,

St. Jacobi, Blick von Südosten

St. Jacobi, Mittelschiff nach Osten mit Altar

ein um 1508 entstandenes Flügelretabel in der Apsis des ersten südlichen Seitenschiffs, und als bedeutendstes und als Hauptwerk der St. Lukas-Altar des Maleramtes, der im späten 15. Jahrhundert ursprünglich für den Dom geschaffen wurde und vor dem noch heute die Gesellen des Hamburger Malerhandwerks freigesprochen werden. Neben der 1606 bis 1610 aus Sandstein gefertigten Kanzel ragt die im Westen vor einigen Jahren rekonstruierte Orgel hervor, die 1689 bis 1693 von dem bedeutenden norddeutschen Orgelbauer Arp Schnitger gebaut wurde. Neben zahlreichen Epitaphien ragt das Gemälde der Stadt Hamburg an der Langhaus-Nordwand hervor, das die Hansestadt über den Elbstrom von Süden her wiedergibt und das 1681 von Joachim Luhn gemalt wurde. Das Bild, das eine detailreiche Vorstellung von Hamburg im späten 17. Jahrhundert vermittelt, war ursprünglich für die Ratsstube, den Sitzungssaal des Senats im Alten Rathaus, gemalt.

Hauptkirche St. Katharinen

Die unmittelbar dem Hamburger Hafen mit der Speicherstadt vorgelagerte Katharinenkirche geht auf eine Gründung des mittleren 13. Jahrhunderts zurück. Sie wird 1274 als Pfarrkirche genannt. Als erster Bau bestand sie als kleine dreischiffige Stufenhalle aus Backstein mit quadratischem Westturm. Dieser Bau wurde im mittleren 14. Jahrhundert bis nach 1450 unter mehrfachem Planwechsel durch eine große Pseudo-Basilika ersetzt. Der Turm des Gründungsbaus blieb mehrfach umgestaltet bestehen. Nach erheblichen Zerstörungen im Zweiten Weltkrieg, bei der der Turmhelm, das Dach und die Gewölbe einstürzten, wurde die Katharinenkirche 1950 bis 1955 als getreue Wiederherstellung des mittelalterlichen Bauensembles wieder errichtet. Der im Kern noch aus dem 13. Jahrh. stammende Turm zeigt auf der Süd- und Nordseite noch sein ursprüngliches Mauerwerk mit Blendengliederungen. Der prachtvolle, 1956 rekonstruierte Kupferhelm war ursprünglich 1659 von P. Marquard errichtet worden. Die nach Westen vorgeblendete Turmfassade entstand 1732-1737 nach Plänen des Hamburger Baumeisters Johann Nikolaus Kuhn, der im Zusammenhang mit notwendigen statischen Sicherungsmaßnahmen eine barock gegliederte zweigeschossige Fassade mit reichlicher Verwendung von Sandstein dem gotischen Turm vorblendete. Das Langhaus zeigt eine dreischiffige, gewölbte Pseudo-Basilika unter einem nach dem Zweiten Weltkrieg erneuerten Schleppdach. Von vielen, die Kirche einst umringenden, sie in das städtische Quartier einbindenden Bauten hat sich nur ein schlichtes zweigeschossiges, durch Pilaster gegliedertes Backsteingebäude auf der Südostseite von 1792 erhalten, in dem Sakristei und Kirchensaal untergebracht sind. Das reich skulptierte Renaissance-Portal am Südanbau stammt von einem benachbarten, im Krieg zerstörten Bürgerhaus. Ein sehr ähnliches mit Entstehungsdatum von 1642 versehenes Portal ist an die Nordseite der Kirche versetzt worden. An der Südseite des Turms befindet sich die Sandsteinfigur der Heiligen Katharina von 1630. Es haben nur wenige Stücke die Bombardierungen des Zweiten Weltkrieges überstanden, so zwei barocke Stein-Epitaphien von 1618 für die Familie Moller und das 1630 aus schwarzem, weißem und farbigem Marmor bestehende Epitaph von der Fechte von M. Steffens.

St. Katharinen, Ansicht von Süden

St. Katharinen, Innenraum nach Osten

Deichstraße, Cremon, Nikolaifleet

Deutlich hebt sich im Stadtplan das Nikolaifleet ab, ein alter Alsterarm, der gegenüber der Speicherstadt in den Binnenhafen mündet. Er bildet zugleich die nördliche und westliche Begrenzung der so genannten Cremon-Insel, deren Inselsein wegen des nunmehr zugeschütteten Fleets im Osten (Steckelhörnfleet) nicht mehr so recht wahrnehmbar ist. Im Westen wird das Nikolaifleet von der Deichstraße und ihrer Bebauung begleitet.

Die Cremon-Insel östlich des Wassers, 1188 den Neusiedlern der Neuen Burg zunächst als Weide gegeben, wurde bald mit einem Ringdeich versehen (die Straßen Cremon und Katharinenstraße sind die Deichstraßen), in 30 lange schmale Grundstücke parzelliert und bebaut. Der Deich westlich vom Nikolaifleet (Deichstraße) schützte das im 13. Jh. besiedelte Rödingsmarktviertel. Ursprünglich erfolgte die Bebauung binnendeichs, erst später, in der Deichstraße im 15. Jh., wurden auch die Deichaußenseiten angebaut. Die ursprüngliche Straßenbreite der Deichstraße markiert das Gebäude Deichstraße 42.

Die Gegend um Deichstraße und Cremon ist das alte Hafen- und Kaufmannsviertel, denn der alte Hamburger Hafen lag im Nikolaifleet. Bereits im 13. Jh. wurde der heutige Zollkanal für den Schiffsverkehr reguliert und gehörte bis ins 16. Jh. als Stadtgraben zur Befestigung. Zur Überbrückung des Nikolaifleets und mit Durchlass auch für große Schiffe wurde spätestens 1260 die ‚Hohe Brücke' angelegt. Wenn auch die heute vorhandene Brücke 1886/87 entstand, so markiert sie gleichwohl die wichtige Stelle der Einfahrt in den alten Hamburger Hafen. In den Quartieren um den alten Hafen hatten sich vor allem Kaufleute niedergelassen, für die der Zugang zum Wasser wirtschaftlich notwendig war. So bildeten sich hier Baustrukturen heraus, die Wohnen, Handeln und Lagern in sich vereinten. Das Binnendeichhaus als ältester Bautyp verfügt über eine Dreigliederung aus Vorderhaus mit Wohn-, Kontor- und Lagerfunktion, einen Hofflügel ebenfalls mit Lager- und Wohnfunktion und einen rückwärtigen Speicherflügel. Das Außendeichhaus besteht aufgrund der geringeren Grundstückstiefe nur aus einem Gebäude, das allerdings ebenso Wohnen, Kontor und Lagerung ermöglichte. Beispiele der Erstbebauung sind nicht mehr vorhanden.

Statt dessen prägen das Bild der Deichstraße vor allem die schmalen Fronten der aus dem 17.-19. Jh. stammenden Häuser an der Wasserseite, zwischen denen so genannte Fleetgänge zum Wasser durchführen, die ursprünglich auch die Binnendeichhäuser versorgten. Eine im 18. Jh. entstandene Kaufmannsdiele ist im Haus Nr. 37 (1680 erbaut) erhalten. Deichstraße 39 wurde um 1700 erbaut, die Häuser 43,45 und 47 stammen aus dem Ende des 17. Jhs. Eine Ausnahme in der Reihe der Kaufmannshäuser stellt der um 1780 errichtete Speicher Nr. 27 dar, er gilt als das älteste erhaltene Hamburger Beispiel eines Gebäudetyps, der zusammen mit den Kaufmannshäusern das Bild der von Fleeten durchzogenen Altstadt prägte. Von Deichstraße 25 soll 1842 der große Brand, der in der Nr. 38 begonnen hatte und weite Teile der Hamburger Altstadt vernichtete, auf die andere Straßenseite übergesprungen sein. Entsprechend kennzeichnen den nördlichen Teil der Deichstraße auf den alten Parzellen wieder aufgebaute Häuser mit geputzten Fassaden im klassizistischen Stil, im Rundbogenstil und Romantischen Historismus. Unter den Nachbrandhäusern steht die Nr.19 (1842, Architekt Luis) als Wohn- und Kontorhaus für eine Familie noch in der Tradition der Kaufmannshäuser, während Nr. 21, 23, 25 jeweils mehreren Mietparteien Wohnraum boten.

Die historische Bebauung des Cremon (Nr. 33-36) besteht aus einer sehr schönen Speichergruppe des 18.-19. Jhs., die den Rand des Nikolaifleets prägt und sich über den Kanal hinweg mit der Bebauung der Deichstraße zu einem historischen Gesamtbild vereint, wie es in dieser übergreifenden Geschlossenheit in Hamburg nirgendwo mehr anzutreffen ist (Nr. 33: 1868/69; Nr. 4: nach 1800; Nr. 35: spätes 18. Jh. und 1897; Nr. 36: 1884). Mit dem Bau der Speicherstadt ab 1882 und dem Zollanschluss Hamburgs 1888 geriet das alte Kaufmannszentrum in eine wirtschaftlich schwierige Position. Als letztes Exemplar eines Binnendeichhauses ist auf dem Cremon Bei den Mühren 69 (Vorderhaus um 1850 erneuert, Speicher 1846 erneuert) erhalten.

Von der jüngeren Vergangenheit des Quartiers zeugen an der Hafenrandstraße vor allem der in Holland gebaute und anstelle eines Vorgängers 1858 aufgestellte neue Kran, der als technische Innovation galt, weil gleichzeitig mit dem Hubvorgang gewogen werden konnte sowie das neugotische Kranmeisterhaus (1887/88), das mit der Hohen Brücke

Deichstraße 45 und 47

Cremon-Speicher, Wasserseite

im Zuge der Neuordnung des Zollkanal-Nordufers und der Verbreiterung der Straße als Arbeits- und Büroraum für den drei Kräne überwachenden Kranmeister entstand.

An der Ecke Deichstraße 51/Hohe Brücke 1 bildet das 1909/10 erbaute Mietkontorhaus (‚Haus der Seefahrt'), von dem Hammonia auf den weitreichenden Seehandel Hamburgs verweist, den Kopf der Deichstraße. Dieser hamburgspezifische Bautyp Kontorhaus, der sich im Zuge des Zollanschlusses und der Freihafengründung entwickelte, steht hier neben dem Alt-Hamburgischen Kaufmannshaus traditioneller Prägung.

1890 entstand in renaissancistischer Formensprache das Kontorhaus Cremon 37/Holzbrücke (1909 erweitert) und 1905/06 wurde – in damals noch älterer Umgebung und in der Fassadengestaltung am traditionellem Alt-Hamburger Bürgerhaus orientiert – das Kontor- und Lagerhaus Cremon 11-12 (Cremonhaus) gebaut, die als moderne Bautypen die Rolle des neuen Hamburger Kaufmannshauses übernehmen.

Ost-West-Straße 47 – ehemals Gröninger Straße 22

Das Gebäude Ost-West-Straße 47, ehemals Gröninger Straße 22, das heute etwas verloren an der mehrspurigen Ost-West-Straße steht, war ursprünglich Bestandteil eines historischen Quartiers, das zu den im 13. Jahrhundert trockengelegten Siedlungsbereichen des Kirchspiels St. Katharinen gehörte. Ursprünglich beschränkte sich die Bebauung dieses Quartiers, das durch die Straßen Zippelhaus, Brandstwiete, Gröninger Straße (diese abgelöst durch die Ost-West-Straße) und Katharinenkirchhof begrenzt wurde, auf giebelständige, am Straßenrand aufgereihte Häuser. Wenige Hütten, über Stichwege erreichbar, standen im Blockinneren, das sonst von Hofflächen und Gärten eingenommen und erst im Laufe der Jahrhunderte dichter genutzt wurde.

Die Einrichtung des Freihafens und der Bau der Speicherstadt nach 1881 führten zu massiven Eingriffen in den Stadtkörper, umfängliche Wohngebiete wurden dem Fortschritt und dem Hafen geopfert. Das beschriebene Quartier war besonders betroffen, stieß es doch im Süden direkt an den Zollkanal, die neu installierte Grenze zwischen Stadt und Zollausland. Diese Nachbarschaft hatte unmittelbare Folgen für die historische Bebauung und Parzellierung: Die Stadt kaufte das Gelände auf, riss die Häuser ab, baute Zollkanal und Straße aus und verkaufte die Restflächen zur Neubebauung.

Den Umwälzungen im 19. und 20. Jahrhundert widerstanden nur zwei Gebäude an der ehemaligen Gröniger Straße, heute Ost-West-Straße 45 und 47. Das erstere dürfte um die Mitte des 19. Jahrhunderts umgebaut worden sein. Das Kaufmannshaus Ost-West-Straße 47 stammt dagegen aus der Mitte des 18. Jahrhunderts und gehört damit zu den wenigen erhaltenen Beispielen barocker Architektur in der Hamburger Innenstadt, eine ältere Bauschicht, eventuell sogar aus dem 13. Jahrhundert, könnte in einer Mauer im rückwärtigen Keller des Gebäudes erhalten sein. Zur heutigen Ost-West-Straße stellt sich der giebelständige viergeschossige Bau mit einer fünfachsigen Backsteinfassade dar, deren Werksteinschmuck das typische konstruktive Raster aus lisenenartigen Vorlagen und Geschossgesimsen mit Fensternischen zeigt und die von einem Volutengiebel mit Akanthuszier gekrönt wird. Zudem wird die Fassade durch gemauerte Quaderung der Ecklisenen

Ost-West-Straße 47 (1988)

und der Mittelachse bereichert. Die Mittelachse wird zusätzlich durch die besondere Behandlung des Eingangsbereiches in Kombination mit dem darüber liegenden Fenster hervorgehoben. Das Erdgeschoss wurde mit einem Quaderputz versehen.

Obwohl als eines von wenigen Altbauten unzerstört, wurde das Gebäude nach dem Zweiten Weltkrieg im Inneren umorganisiert: Die ursprüngliche, durch das Mittelportal zugängliche Diele mit dem im rückwärtigen Teil derselben befindlichen Antritt der Barocktreppe wurde geopfert. Der ausgebaute untere Treppenteil wurde in ein von der Diele abgetrenntes neues rechtsseitiges Treppenhaus eingefügt. Desgleichen wurden die historischen Stuckaturen sinngemäß an den neuen Standort der Treppe übertragen.

Vor dem Gebäude verläuft noch ein Rest der alten Gröninger Straße, die durch den Ausbau der Ost-West-Straße nach dem Zweiten Weltkrieg ausgelöscht wurde. Der Niveauversprung zur Ost-West-Straße und die Hausflucht des Gebäudes Ost-West-Straße 47 erinnern bis heute an die mittelalterliche Straßenanlage.

Ferdinandstraße 63 und 65

Mit dem Großen Brand vom 5. bis 8. Mai 1842, der ungefähr ein Drittel der Innenstadt zerstörte, waren drei Kirchen, das politische und wirtschaftliche Zentrum der Stadt an der Trostbrücke mit fast allen bedeutenden Staatsbauten, dazu 70 Straßen mit 120 angrenzenden Höfen und damit 1749 Häuser, 1508 Säle, 488 Buden, 474 Wohnkeller und 102 Speicher verloren gegangen. Die für den Wiederaufbau gegründete „Technische Kommission“ nahm eine städtebauliche Neuordnung des Brandgebietes vor und teilte Straßen, Plätze und Parzellen neu ein.

Der noch spätmittelalterlich bzw. frühneuzeitlich geprägte Stadtgrundriss – wenige Straßen, unregelmäßig geführte Gassen, mehrfach geteilte tiefe Parzellen, dichte Bebauung auch mit Hinterhöfen, Behausungen unterprivilegierter Einwohner, die häufig als Abflussgräben genutzten Fleete – wich einem im Sinne der Aufklärung rational durchgeplanten städtischen Gebilde, in dem das 19. Jahrhundert nun seine hygienischen, brandschützerischen und verkehrstechnischen Vorhaben verwirklichen konnte.

Ein wesentliches Element der neuen Stadt ist die Magistrale als „Rückgrat“, die als Ostwest-Querung der Altstadt wirksam war. Ein Element darin war die heutige Ferdinandstraße. Die Häuser sollten nach dem Wiederaufbauplan aus gestalterischen Gründen und wegen des Feuerschutzes als Massivbauten von drei bis vier Geschossen ausgeführt werden; die Dächer waren in der Regel sehr flach, Giebelständigkeit kam nur ausnahmsweise vor. Ausgestattet waren die Bauten mit Handsteinen und Waterclosets auf den Etagen, sie waren an die neue städtische Wasserversorgung und Schwemmkanalisation angeschlossen – übrigens die erste auf dem Kontinent. Dies gehörte zur neu eingeführten Infrastruktur wie auch Gasversorgung und Straßenbeleuchtung.

Der Zweite Weltkrieg hat von der Nachbrandarchitektur nicht viel hinterlassen. Die beiden in der Ferdinandstraße erhaltenen Häuser beanspruchen also besonderes Interesse.

Das Haus Nr. 63 wurde 1844/46 für den Kaufmann Carl Philipp Kuhnhardt erbaut. Der Entwurf des Hauses stammt von dem Hamburger Stadtplaner und Architekten Alexis de Chateauneuf (1799-1853), der als Leiter der „Technischen Kommission“ maßgeblich an der Planung des Neubaugebietes Anteil hatte und als überregional bedeutsamer Architekt gilt.

Chateauneufs Bauwerk ist ein viergeschossiger, vierachsiger Bau, der traufständig an der Straße steht. Das Erdgeschoss zeigt Quaderfugung, im Übrigen ist der Bau glatt verputzt.

Die Fassade wird durch die Fensteröffnungen gegliedert, die Fenster sind rundbogig und werden von einer profilierten rechteckigen Einfassung umgrenzt, teilweise mit wagerechter Verdachung, in den Zwickeln Rosetten. Die Fenster im ersten Obergeschoss tragen wie auch die beiden gekoppelten Fenster des zweiten Obergeschosses gusseiserne Ziergitter, die die belle étage und Teile des darüber liegenden Geschosses auszeichnen. Weiterer Dekor ist ein Fries unter der Traufe. Das rundbogige Portal variiert die Fenstergestaltung. Eine Freitreppe führt in das Gebäude.

Die Fassade wird man als klassizistisch überformten Rundbogenstil bezeichnen, das Innere zeigt eine klassizistische Ausstattung, die um 1860 und in den 1920er Jahren ergänzt wurde.

Der Typus des Nachbrand-Bürgerhauses geht auf Londoner Vorbilder zurück. Kennzeichnend sind der zur besseren Belichtung erhöhte Keller sowie das innenliegende Treppenhaus mit Oberlicht sowie die Verbindung von Wohnen und Arbeiten.

Das unmittelbar benachbarte Haus Ferdinandstraße 65 ist gleichzeitig erbaut worden. Es entstand nach Entwürfen des Hamburger Architekten Theodor Bülau (1800-1861) für den Doktor der Rechte Johann Friedrich Voigt. Das Bauwerk ist ein viergeschossiges, dreiachsiges Giebelhaus in Backsteinbauweise. Lisenen gliedern die Fassade, die symmetrisch verteilte Segmentbogenfenster und einen Balkon mit Maßwerkbrüstung zeigt.

Das Innere war nach zeitüblicher Weise aufgeteilt in einen Wohnkeller mit Verkaufslokal, zugänglich durch eine straßenseitige Treppe. Im Erdgeschoss lagen die „Comptoires“ abgetrennt von den Wohnräumen.

Auffällig sind die beiden Sandsteinstatuen unter Baldachinen von F. Schiller, die Karl den Großen und St. Ansgar darstellen. Der Hinweis auf das mittelalterliche Kaiserreich einerseits und das Christentum andererseits, das der „Apostel des Nordens“ in Hamburg einführte, doku-

Ferdinandstraße 63

Ferdinandstraße 65

mentieren die von der Romantik inspirierte, besonders durch August Reichensperger propagierte Architekturideologie der „christlich-germanischen“ Baukunst, die mit den Schlagwörtern „Religion, Kunst, Vaterland“ umschrieben ist.

Es ist das Verdienst Bülaus, die im Hamburg der 1840er Jahre für Wohnbauten unbekannte Backstein-Neugotik eingeführt zu haben. Damit ist er einer der Vorläufer der „Hannoverschen Schule“, die diese Bauweise ausbildete und später auch in Hamburg für diverse Bauaufgaben anwendete. Die wenigen neugotischen Bauten aus der Nachbrandphase, die mit den Formsteinen und dem sichtbaren Fugennetz eine besonders sorgfältige Behandlung des Backsteins verlangten, haben dokumentarischen Wert.

So bieten beide Bauten, von hochrangigen Hamburger Architekten geschaffen, ein selten anschauliches Ensemble der Stadtgeschichte sowie der Architekturgeschichte des 19. Jahrhunderts.

Haus der Patriotischen Gesellschaft, Trostbrücke 4/6

Als „pons Trostes“ und als „pons campsorum“ wurde die Trostbrücke über das Nikolaifleet 1266 urkundlich erwähnt. Das heutige Bauwerk entstand 1881-83 nach Plänen des Oberingenieurs Franz Andreas Meyer.

An diesem ältesten Brückenschlag über das Nikolaifleet entwickelte sich etwa 1290 das politische und wirtschaftliche Zentrum der vereinten beiden Ursprungssiedlungen der Hansestadt. Es entstanden das zweite gemeinsame Rathaus, welches später mehrfach erweitert wurde, das Gericht- und das Kammergebäude sowie benachbart die Börse, die Waage und der Alte Kran. Dieses hochbedeutende Ensemble fiel insgesamt dem Großen Brand von 1842 zum Opfer.

Der Aufbauplan für das Brandgebiet gab anstelle der mittelalterlich geprägten Strukturen einen modernen, verkehrstüchtigen Stadtgrundriss vor. Zudem wurde bei der geretteten Neuen Börse ein großzügiges, repräsentatives neues städtisches Zentrum vorgesehen. Aus dieser Neudefinition der Stadt folgten entsprechend große Veränderungen im o.g. Areal, Wasserflächen wurden wie das Straßen- und Parzellenmuster reguliert und die Börsenbrücke wurde als eine neue Straße durchgelegt. Das Grundstück des alten Rathauses, jetzt über dem Nikolai- und Bäckerstraßenfleet und an der Straßenecke Trostbrücke/Börsenbrücke gelegen, wurde zur privaten Bebauung vergeben. Da die „vaterländischen ernsten und ehrwürdigen Erinnerungen, die sich an diese Stelle knüpfen, jedem Hamburger zu teuer seien, als daß er nicht vermieden zu sehen wünschen sollte, durch eine Zerstückelung in Privatplätze jede Spur jener Erinnerung zu vertilgen“, konnte aufgrund eines Bürgerschaftsbeschlusses die „Patriotische Gesellschaft“ , die ihre Niederlassung an der Gr. Johannisstraße ebenfalls durch den Brand eingebüßt hatte, das Grundstücke preisgünstig erwerben. Die „Gesellschaft zur Beförderung der Künste und Gewerbe“ – so der vollständige Name, Zeichen ist der Bienenkorb mit der Devise „Emolumento Publico“ – war 1765 vom Freundeskreis um den Aufklärer H. S. Reimarus ins Leben gerufen worden und hatte sich seitdem durch die Gründung verschiedener fortschrittlicher Institutionen, z. B. der ersten Gewerbeschule, der ersten Lebensversicherung sowie der ersten Sparkasse Deutschlands,

Haus der Patriotischen Gesellschaft

der Navigationsschule in Hamburg und 1839 des Vereins für Hamburgische Geschichte verdient gemacht.

Das neue Haus sollte für die Zwecke der Gesellschaft mit Leseraum, Unterhaltungs- und Versammlungszimmer, Klassenräumen für die Gewerbeschule und einer umfangreichen technisch-gewerblichen Bibliothek ausgestattet werden; eine große Weinwirtschaft im Keller und Läden im Erdgeschoss sollten Einnahmen zum Unterhalt des Hauses erbringen. Der große Saal war in den Jahren 1848-1850 Tagungsort der Konstituante und 1859-92 der Bürgerschaft, das Haus übernahm in diesem Zeitraum also Rathausfunktion.

Die Baupläne lieferte Theodor Bülau, der hiermit 1845-47 eines der ersten neogotischen Backsteingebäude in Hamburg nach Gesichtspunkten der Werkgerechtigkeit erbaute. Das Haus gliederte sich in einen Nordostflügel mit hohem Saalgeschoss, Erschließung des Erdgeschosses von der Börsenbrücke, und einen höheren viergeschossigen Haupttrakt mit Eingang an der Trostbrücke. Die Binnenerschließung erfolgte durch das zentrale Treppenhaus und den Treppenturm an der südwestlichen Wasserseite. Die architektonische Gliederung mit Lisenen, Wasserschlaggesimsen, Balkonen, die Formen der Fenster, des Treppenturms und der Portale orientierten sich an gotischen Vorbildern. Der blockhafte Baukörper mit kaschiertem, flachgeneigtem Dach war hingegen eine Auflage, der Bülau mit Bedauern entsprach. Eine bautechnische Neuerung ging ebenfalls nicht auf Bülau zurück: Das Haus gehört zu den ersten in Hamburg, die statt auf einem Pfahlrost auf einer Betonplatte gegründet wurden.

1923/24 wurde der Bau modernisiert, der Haupttrakt erhielt eine Aufstockung um vier gestaffelte Geschosse für die Unterbringung des neu gegründeten Übersee-Clubs. Verantwortlich zeichneten die Architekten Rudolf Klophaus und August Schoch, die die historische Formensprache variierten. Nach Kriegszerstörung im Jahre 1943 wurde das Gebäude 1955/57 unter Leitung des Architekten Friedrich R. Ostermeyer vereinfacht wieder hergerichtet und im Innern neu ausgestaltet. Ebenfalls in der Nachkriegszeit wurde das Bäckerstraßenfleet zugeschüttet.

Rathausführungen
Mo - Do: 10 - 15 Uhr, Fr - So: 10 - 13 Uhr
halbstündlich, sofern keine Veranstaltungen stattfinden
Tel. Auskunft: 0 40 - 4 28 31 24 70

Das Rathaus der Freien und Hansestadt Hamburg

Das Rathaus mit dem sich zur Kleinen Alster öffnenden Rathausmarkt und der rückwärtig über Flügelbauten anschließenden Börse bildet das Herzstück der Stadt. In einzigartiger Weise wird hier die enge Verbindung von Stadtregierung, Handel und Wirtschaft architektonisch sinnfällig zum Ausdruck gebracht, eine Verbindung, die in der geschichtlichen Entwicklung den stetigen Aufstieg Hamburgs zu einer Metropole und Welthandelsstadt begünstigte. Im letzten Weltkrieg nur geringfügig beschädigt und vor purifizierenden Instandsetzungsmaßnahmen der Nachkriegszeit weitgehend verschont, zählt das Rathaus heute mit zu den wichtigsten Zeugnissen des lange verfemten Historismus in Deutschland. Es bildet ein Gesamtkunstwerk, in dem Architektur, Malerei, Skulptur und Ausstattung bei aller gestalterischen Vielfalt zu einer in jeder Beziehung bemerkenswerten Einheit verschmelzen.

Im Gegensatz zu vielen anderen Städten, wo die Rathausstandorte vom Mittelalter bis in die Neuzeit konstant blieben, hat Hamburg im Laufe seiner Geschichte verschiedene Plätze für seine Rathäuser besessen. Bis etwa 1216 gab es sowohl in der Alt- wie in der Neustadt jeweils eigene Rathäuser, die vermutlich am Fisch- bzw. Hopfenmarkt lokalisiert werden können. Nach der Vereinigung beider Städte entstand im frühen 13. Jahrhundert am Dornbusch das erste gemeinsame Rathaus, um 1290 dann am Neß bei der Trostbrücke ein wesentlich größeres. Heute steht dort das 1845-47 gebaute Haus der Patriotischen Gesellschaft. Dieses Rathaus an der Trostbrücke unweit der alten Börse wurde in den folgenden Jahrhunderten immer wieder umgebaut und erweitert, so dass es schließlich einen mehrteiligen gestaffelten Baukomplex bildete. 1842 fiel es dem Großen Stadtbrand zum Opfer. Danach war das Rathaus bis zum Bau des heutigen provisorisch im ehemaligen spätbarocken Waisenhaus an der Admiralitätsstraße untergebracht.

Nach dem Stadtbrand von 1842 und der Neukonzeption des Stadtgrundrisses im Bereich der Brandfläche war als Bauplatz für ein neues Rathaus der Rathausmarkt unmittelbar nordöstlich der Börse, die von den Flammen verschont geblieben war, vorgesehen. Die Planungen zogen sich aber fast ein halbes Jahrhundert hin, ehe mit dem Bau begonnen wurde. Bedeutende Architekten wie Gottfried Semper oder Alexis de Chateauneuf lieferten Entwürfe. 1854 schließlich fand ein internationaler Architektenwettbewerb statt, bei dem allein 43 Entwürfe eingingen. Aus diesem Wettbewerb ging der Engländer George Gilbert Scott, der in Hamburg auch die St. Nikolaikirche errichtete, als Sieger hervor. Sein Entwurf mit einem mächtigen Mittelturm orientierte sich gestalterisch an flämischen Vorbildern. Ein weiterer Wettbewerb mit mehr als einhundert Entwürfen fand 1876 statt, den die Frankfurter Architekten Mylius und Bluntschli gewannen. In der anschließenden öffentlichen Diskussion konnte sich aber auch dieses Projekt nicht durchsetzen. Statt dessen ergriff nun der Hamburger Architekt Martin Haller die Initiative. Unter seiner Leitung wurde 1880 der sogenannte Rathausbaumeisterbund gebildet, ein Zusammenschluss zahlreicher Hamburger Architekten, die sich alle an dem Wettbewerb von 1876 beteiligt hatten und zu den bedeutendsten Baumeistern der Stadt zählten. Der von dieser Arbeitsgemeinschaft entwickelte Entwurf fand endlich Anklang und wurde 1886-97 realisiert.

Das Rathaus

Rathaus, Kaisersaal nach der Restaurierung 1998

Der breitgelagerte viergeschossige Bau mit seinem 112 m hohen Mittelturm und zwei kurzen Flügeln, die mit der Börse einen Innenhof umschließen, wurde in Werkstein errichtet. Steile Kupferdächer decken ihn. Turm und übergiebelte Seitenrisalite setzen vertikale Akzente. Die überreich geschmückte Platzfassade greift Formen der nordischen Renaissancebaukunst auf und transponiert diese im Sinne des Historismus. Zwischen den Fenstern des Hauptgeschosses zum Rathausmarkt stehen in Nischen zwanzig Bronzefiguren deutscher Kaiser als Hinweis auf Hamburgs Status als freie Reichsstadt, auf der Hofseite in übergiebelten Muschelnischen die Bildsäulen von geistlichen und weltlichen Fürsten, denen die Stadt Förderung verdankt, insgesamt zusammen mit weiterem bauplastischen Schmuck ein außerordentlich reichhaltiges, vielfach verschränktes ikonographisches Programm.

Während das Äußere einheitlich im Stil der Neorenaissance gestaltet ist, entfaltet sich im Inneren eine Vielfalt unterschiedlicher Stile, wie es gerade für Bauten des Historismus typisch ist. Die dreischiffige, von mächtigen Säulen rhythmisierte Dielenhalle mit ihrem Rippengewölbe

Rathaus, Senatseingang nach der Restaurierung 1998

erinnert an entsprechende mittelalterliche Rathausdielen, die Säulen selber mit ihren Kanneluren und den Reliefbüsten verdienter Persönlichkeiten an antike Beispiele. Von dieser Eingangshalle führen seitlich aufwendig gestaltete, barockisierende Treppenhäuser links zur Bürgerschaft und rechts zu den Räumlichkeiten des Senats. In der Mitte des Hauptgeschosses liegen die Repräsentationsräume, der Kaisersaal, der Bürgermeistersaal und der große Festsaal, im Flügel an der Großen Johannisstraße der Sitzungssaal der Bürgerschaft, am Alten Wall der Sitzungssaal des Senats, die Ratsstube, alles bis hin zu den Türklinken oder Lampen in reichster historistischer Manier gestaltet. Hervorzuheben sind im großen Festsaal, der seine Belichtung vom Hof erhält, vor allem die großformatigen Wandgemälde, die 1902-07 Hugo Vogel in einer Mischung aus Jugendstil und Impressionismus schuf und die die geschichtliche Entwicklung Hamburgs zum Thema haben.

Speicherstadt

Die politischen Konstellationen in Deutschland und die preußischen Einigungsbestrebungen nach der Jahrhundertmitte brachten zunächst dem Hamburger Hafen positive Entwicklungen: z.B. den Köhlbrand-Vertrag, der für Hamburg günstige Elbregulierungen ermöglichte, und die nach 1866 vorgenommene Verknüpfung der drei Eisenbahnlinien, die Hamburg zum wichtigsten Verkehrsknotenpunkt im Norden machte.

Doch mit der von Bismarck nach Reichsgründung und Gründerkrach in den siebziger Jahren als Reaktion auf die wirtschaftliche Depression und die englische Konkurrenz auf dem Weltmarkt verfolgte Schutzzollpolitik drohte Hamburg der Verlust des alten Freihandelsprivilegs und damit der Zusammenbruch seines Handels. 1881 wurde der Zollanschluss Hamburgs und der begrenzte Freihafen mit Eröffnung am 1.10.1888 ausgehandelt.

In der Vereinbarung heißt es: „Für die Zwecke des Großhandels und der Exportindustrie verbleibt Hamburg ein dauernder Freihafenbezirk....“und „Innerhalb dieses ...Bezirkes ist die Bewegung der Schiffe und Waaren von jeder Zollcontrole befreit.....“

Konsequenz des Anschlusses an das Zollgebiet des Deutschen Reiches war also die Einrichtung eines Freihafens außerhalb der historischen Stadt, die bis zu diesem Zeitpunkt insgesamt „Freihafen“ gewesen war. Stadt und Hafen Hamburg mussten daher bis 1888 ganz neu definiert werden; es entstanden einerseits die City und andererseits das maritime Industrie-, Speicher- und Umschlaggebiet Freihafen. Damit wurde der umfassende funktionale Spezialisierungsprozess in den Stadtteilen unumkehrbar beschleunigt, der hinsichtlich Wohnen, Produktion und Handel schon nach dem Brand 1842 begonnen und sich nach Aufhebung der Torsperre 1860 verstetigt hatte.

Als man 1882 mit der Realisierung des Freihafens begann, waren mit dem Sandtorhafen von 1868, dem Grasbrookhafen von 1876/81 und dem Petroleumhafen von 1879 moderne Hafenbecken mit den notwendigen Umschlagseinrichtungen vorhanden und wurden durch weitere Anlagen ergänzt, die Produktion auf Steinwerder funktionierte ebenfalls bereits. Hingegen musste für die längerfristige Warenlagerung in

Am Sandtor 1, erstes Verwaltungsgebäude (Aufnahme 1979)

Bei St. Annen 1, zweites Verwaltungsgebäude „Speicherstadtrathaus“ (Aufnahme 1979)

den Kaufmannsspeichern in der Stadt Ersatz geschaffen werden. Man konzentrierte den Speicherbau im Freihafen auf der etwa 1,5 km langen Brookinsel zwischen Sandtorhafen, Binnenhafen und Dovenfleet, das zum Zollkanal ausgebaut wurde. Etwa 26000 Menschen, angestammte Bewohner des holländischen Brook, mussten umgesiedelt werden, die Bebauung, z.T. bedeutende Barockhäuser, wurde abgebrochen. Innerhalb sehr kurzer Zeit gelang es, das Gelände frei zuräumen und unter Ausnutzung und Regulierung der historischen Fleetstrukturen für einen neuartigen Komplex mit monumentalen Speicherblöcken, technischen Versorgungsanlagen, Infrastrukturbauten (ehem. Zentralstation Sandtorkai 30), Verwaltungsgebäude und Zollbauten (Zollamt am Alter Wandram) vorzubereiten. Nach den Planungen des Oberingenieurs Franz Andreas Meyer und unter Mitwirkung bekannter Hamburger Architekten entstand in drei Abschnitten zwischen 1882 und 1912 die Hamburger Speicherstadt; begonnen wurde mit dem westlichen Teil, der 1888 durch den Kaiser eröffnet wurde; endgültig abgeschlossen war die Bautätigkeit erst 1926/27 mit der Errichtung des Blocks W im Osten der Anlage.

Als Zollausland mit Zollzaun und -kanal von der Stadt getrennt, war die Speicherstadt nur durch wenige vom Zoll kontrollierte Eingänge und Brücken mit dem Zollinland verbunden. Die Speicherbauten mit ihrer Aufteilung in Böden, ihrem massiven Außenmauerwerk und dem tragenden Innengerüst mit enggesetzten eisernen oder hölzernen Stützen ließen sich leicht von den historischen Altstadtspeicher ableiten. Meyer, Schüler von Conrad Ferdinand Hase am Polytechnikum in Hannover, hing dem neogotischen Stil der Hannoverschen Bauschule an: Traditionsbetont war die architektonische Gestaltung mit dem Anknüpfen an mittelalterliche Formen und der Evokation fiktiver hansischer Vorbilder. Aufgrund der Veränderungen der City lässt die heutige Situation nur eine Ahnung zu, in welchem Ausmaß die Speicherstadt als architektonisches und städtebauliches Gegenstück zur historischen Altstadt wirken sollte. Aufgrund der malerischen Gestaltung und der Atmosphäre dieses Speicherensembles wird leicht übersehen, dass es sich um eine zur Bauzeit moderne Industrie-Architektur handelt, deren neogotische Elemente – z.B. die Vertikalität und die Differenzierung der Traufzone bzw. der Dachansätze, die Materialvielfalt – sich zum großen

Holländischer Brook 6 (Aufnahme 1979)

Teil aus der Funktion erklären lassen oder mit Rücksicht auf Stabilität und Strapazierfähigkeit eingesetzt wurden. Die Speicherstadt stellt insofern ein bedeutendes Dokument historistischer „Funktionsarchitektur“ des späten 19. und des frühen 20. Jahrhunderts dar. Gleichzeitig umfasst das Ensemble ebenfalls repräsentative Verwaltungsbauten für die von der Stadt gegründete „Hamburger Freihafen-Lagerhaus-Gesellschaft“ (HFLG, heute HHLA), der seit 1885 die Verwaltung der Speicherstadt oblag; das erste lebhaft gegliederte Verwaltungsgebäude der HFLG (Am Sandtorkai 1) erinnert mit Erker und Statue der Hl. Anna an die abgerissene St. Annenkappelle. 1902/3 entstand nach Plänen der Architekten Johannes Grotjan und Bernhard Hanssen & Wilhelm Emil Meerwein, die auch am Bau des Hamburger Rathauses mitgewirkt hatten, das „Speicherstadtrathaus“, das sich stilistisch durch einen festlichen „Jugendstilhistorismus“ auszeichnet.

Nach schweren Zerstörungen im Zweiten Weltkrieg erfolgten vor allem in den fünfziger Jahren Reparatur und Wiederaufbau unter der Leitung des Architekten Werner Kallmorgen, der sich an Gestalt, Struktur und Organisation der historischen Speicherbauten orientierte und für hervorragende Speicherneubauten verantwortlich zeichnete: in der Speicherstadt z. B. Block I (Alter Wandram 12), außerhalb der Speicherstadt der Kaispeicher A (Dalmannstraße).

Seit 1992 entstehen auf Zerstörungsbrache am Sandtorhöft, anstelle von Zollbauten am Kehrwieder und Schuppen am Sandtorhafen neue Bürokomplexe mit dem Hanseatic Trade Center, an denen verschiedene Hamburger aber auch auswärtige Architekturbüros beteiligt sind. Verbunden mit den Neubauten war die Verlegung der Zollgrenze. Folge dieser Maßnahmen ist ein Funktionswandel des Gebietes, der durch neue Nutzungen und Aktivitäten auch die alten Speicher erreicht.

Die Mönckebergstraße

Die Hamburger Innenstadt glich am Ende des 19. Jahrhunderts einer riesigen Baustelle. Die Stadt war auf dem Weg, sich zu einer modernen Großstadt zu entwickeln. Der erste Impuls erfolgte durch den Wiederaufbau nach dem Großen Brand im Jahre 1842, der ein Drittel der Innenstadt zerstört hatte. Mit der sogenannten Citybildung, das kontinuierlich voranschreitende Verdrängen der Wohnviertel aus der Innenstadt durch Geschäftsbauten, wurde in der zweiten Hälfte des 19. Jahrhunderts die Neustrukturierung von Hamburg fortgesetzt. Dies führte in der Neustadt vor allem zu spekulativem Wohnungsbau und in der Altstadt zur Anlage monofunktionaler Geschäfts- und Kontorhausviertel. Die vorhandenen dicht bebauten Wohnquartiere – die sogenannten Gängeviertel – mit ihrer Mischung aus Wohnen und Arbeiten sowie den bereits seinerzeit bedenklichen hygienischen und sozialen Zuständen wurden abgebrochen. Forciert wurde diese Entwicklung durch die Cholera-Epidemie im Jahre 1892 (16956 Erkrankungen, 8605 Todesfälle), die eine großflächige Sanierung in der Neu- und Altstadt nach sich zog und damit auch die Verdrängung der dort ansässigen Bevölkerung beschleunigte.

Die Anpassung der Stadt an die verkehrstechnischen Notwendigkeiten führte zur Anlage von neuen Verkehrswegen (Kaiser-Wilhelm-Straße, ab 1892) und der erheblichen Verbreiterung vorhandener Straßen (Caffamacherreihe).

Der Durchbruch der Mönckebergstraße gehört zu den Höhepunkten der Citybildung in Hamburg. Nach der Fertigstellung des Rathauses (1886-1897) und des Hauptbahnhofs (1899-1906) fehlte eine direkte Verbindung - eine Geschäfts- und Hauptverkehrsstraße - zwischen der Steintorbrücke und dem Rathausmarkt. Daher wurde von 1908 bis 1913 das dicht bebaute Altstadtviertel zwischen Spitaler- und Steinstraße niedergelegt und nach einem einheitlichen Konzept ein reines Geschäftsviertel an der neu entstehenden Durchbruchstraße in Blockrandbebauung errichtet, das in dieser attraktiven Lage den steigenden Bedarf an Büro- und Geschäftsflächen decken sollte. Den Anstoß gab der Bau der U-Bahnlinie (1906-12), die die Straße in ihrer gesamten Länge begleitet. Für die 29 Meter breite Straße mit ihrem leicht geschwungen Verlauf wurden die von Camillo Sitte propagierten Vorstellungen eines künstlerischen Städtebaus aufgegriffen, so dass sich für den Betrachter der Straße stets neue Ein- und Ausblicke ergaben.

Eine beratende Kommission übernahm die Aufgabe, dass trotz der individuellen Einzelentwürfe für die Bebauung ein stilistisch geschlossenes Ensemble entstand, das bereits 1925 als „historisches Kulturdokument“ geschätzt wurde.

Ab 1910 war auch Fritz Schumacher Mitglied dieser Kommission. Er sicherte sich mit seiner Omnipräsenz einen maßgeblichen Anteil an der Gestaltung des Viertels und setzte mit der Gestaltung der Einmündung der Spitalerstraße einen besonderen städtebaulichen Akzent.

Als Point de vue wurde ein zweigeschossiges Gebäude (Barkhof 3) mit dem Mönckebergbrunnen angelegt. Beide entstanden nach Entwürfen des Hochbauamtes unter der Leitung von Fritz Schumacher. Die Ausführung erfolgte in den Jahren 1913 bis 1915. Die Bronzefiguren des Brunnens wurden allerdings aus wirtschaftlichen Gründen erst 1926 angebracht.

Das Gebäude war eine der ersten öffentlichen Bücherhallen Hamburgs und wird gegenwärtig von einer Fast-Food-Kette genutzt.

Der Brunnen wurde zu Ehren des Bürgermeisters Johann Georg Mönckeberg errichtet. Eine Porträtstele verweist auf den Namensgeber. Der Dresdner Künstler Georg Wrba, der oft mit Fritz Schumacher zusammengearbeitet hat, entwarf die beiden Figuren und den Löwen (1965 von Philipp Hardt rekonstruiert).

Im Jahre 1914 wurde die Durchbruchstraße nach Johann Georg Mönckeberg benannt, der während der Cholera-Epidemie das Amt des Bürgermeisters und später den Vorsitz der Sanierungskommission für die Gängeviertel innehatte.

Besondere Kennzeichen der Mönckebergstraße waren neben ihrer Großzügigkeit die gleichmäßig gegliederten Skelettfassaden der Gebäude und die monumentalen Mansarddächer mit ihren aufwändigen Giebelgestaltungen. Die Bebauung der Straße präsentierte alle Facetten der Kontorhausarchitektur vor dem Ersten Weltkrieg, die den Vergleich mit anderen deutschen Großstädten nicht zu scheuen brauchte.

Die beiden Hauptkirchen St. Petri und St. Jacobi wurden in die Neugestaltung miteinbezogen und sind letzte Zeugnisse des Alten Ham-

Barkhof 3 mit Mönckebergbrunnen

burg. Die Zerstörungen im Zweiten Weltkrieg und der Wiederaufbau haben das Erscheinungsbild der Mönckebergstraße nachhaltig verändert. In den letzten Jahren hat der Versuch einer teilweisen Rekonstruktion des bauzeitlichen Erscheinungsbildes eingesetzt, deren Ergebnis am Domhof Mönckebergstraße 18 (Franz Bach, 1912/13) zu besichtigen ist.

Zufahrt
U/S-Bahn Landungsbrücken

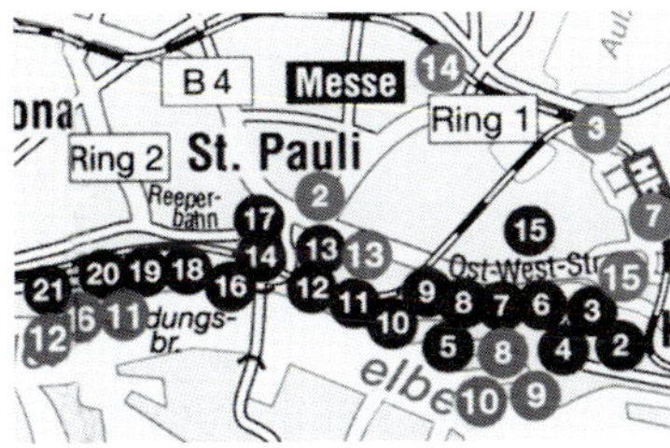

Standorte der Informationstafeln in Altstadtnähe

Historischer Elbwanderweg

Entlang der Elbe sind eine Vielzahl von Erläuterungstafeln zur Geschichte der Stadt aufgestellt, die einen lehrreichen Spaziergang begleiten.

Wenn Sie an den Landungsbrücken sind, wenden Sie sich nach links. Hier stoßen Sie auf die Erläuterungen, die die Innenstadt und die Speicherstadt betreffen. Die Texte verweisen auf die Museen, in denen die angesprochenen Themen vertiefend dargestellt sind.

Standort 3

Reichenstraßenfleet

An diesem Standort blicken wir gen Norden zum Verlauf des einstigen Gröningerfleets (heute Ost-West-Straße) und dem Reichenstraßenfleet (Reichenstraße) und umschreiben damit eine frühere Insel, die unterhalb der Hammaburg zum ältesten Siedlungsareal Hamburgs zu rechnen ist.

Die Tafel erläutert Burg und Bischofssitz, der allerdings schon 845 nach einem Dänenüberfall aufgegeben und nach Bremen verlegt werden musste. Der Dom wurde 858 durch Erzbischof Ansgar erneuert. In Hamburg lebten damals wohl kaum mehr als 200 Menschen. Die Ansiedlung entwickelte sich also aus bescheidenen Anfängen. Erneute Überfälle 1066 und 1072 konnten das Aufblühen der Stadt nicht mehr aufhalten.

Standort 4

Die Speicherstadt

Bei Gründung des Deutschen Reiches 1871 behielt Hamburg seinen Sonderstatus als Freihandelszone, doch 10 Jahre später wurde dieses Vorrecht auf die neu begründete Speicherstadt begrenzt. Innerhalb kurzer Zeit wurde diese mit einem Lagerhauskomplex erbaut, der heute noch weitgehend erhalten ist. Der Komplex entstand in drei Baustufen zwischen 1885 und 1913.

Standort 6

Der „Neue Krahn"

Schon 1291 diente der hölzerne „Alte Krahn" der Anlandung von schweren Lasten. 1570 trat der „Neue Krahn" hinzu. Ersterer wurde bei dem großen Brand 1842 zerstört. Der jüngere blieb bis 1857 in Betrieb. Ersetzt wurde er durch einen Eisenkran und erst 1974 – nach 117 Jahren Betrieb – stillgelegt, nachdem er bereits 1940 unter Denkmalschutz gestellt wurde.

Standort 7

Nikolaifleet

Durch dieses fließt die unter Alster und mündet in die Elbe. Die Uferbebauung stellt das letzte erhaltene Ensemble älterer Kaufmannshäuser dar, die aus dem 17. und 18. Jahrhundert stammen.

An einigen Stellen befinden sich Gänge zwischen den Häusern, die zum Wasser führten. Hier lagen die Waschplätze und Wasserentnahmestellen für die landeinwärts wohnende Bevölkerung.

Hamburgs Künstler suchen die Vergangenheit im Bild

Schon früh machte man sich Gedanken über das Entstehen und Wachsen der Stadt. Nicht nur Histographen schöpften aus den überlieferten Quellen, sondern auch Künstler versuchten, ein Bild der frühen Stadt zu gestalten.

Die spärlichen Hinweise in Rimberts vita Anskarii und Magister Adam Bremensis, Gesta Hammaburgensis Ecclesiae Pontificum wurden dazu herangezogen.

Georg Nikolaus Baermann gab seinen Hamburgischen Denkwürdigkeiten von 1917 einen Kupferstich bei, den der Kapitän Christian Wohlers 1789 entworfen hatte und den Wolf 1816 gestochen hatte. Hier wird erstmals Hamburg zur Zeit Karls des Großen im Grundriss dargestellt, so wie man glaubte, es sehen zu dürfen. Das Wassernetz und die Insellagen sind dargestellt, von denen man damals noch eine ungefähre Vorstellung hatte. Aber auch jüngere Anlagen wie die Neue Burg sind be-

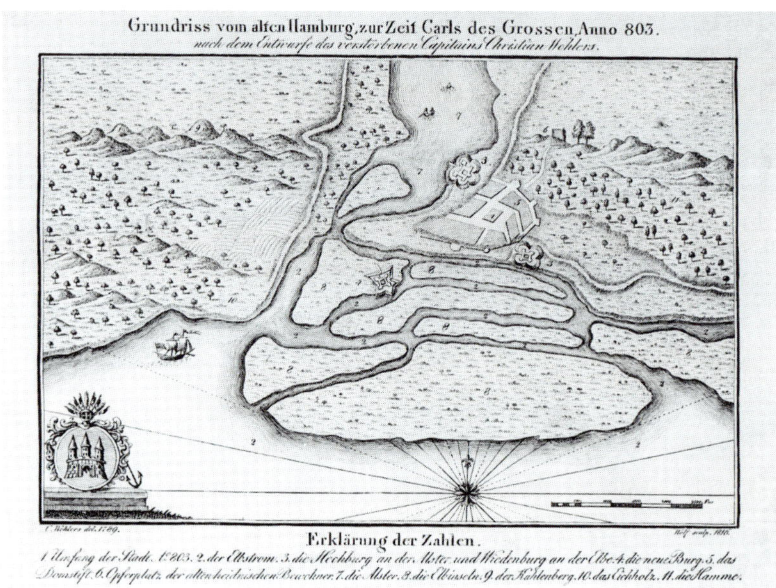

C. Wohlers, Darstellung von Hamburg im Jahre 803, Kupferstich von L. L. Wolf, 1816 (Privatbesitz)

reits positioniert. Insofern ist der Titel „Hamburg zur Zeit Carls des Grossen, Anno 803“ missverständlich. Die Darstellung holt weiter aus.

Die Titelvignette zu F. H. Neddermeyer, Topographie der Freien und Hanse Stadt Hamburg, 1832, zeigt das bebaute Stadtgebiet zwischen Alster und Heidenwall stark schematisiert und vergröbert, da man keine detaillierten Angaben vorliegen hatte. Konsequent sind hier nur Alsterburg und Neue Burg eingetragen.

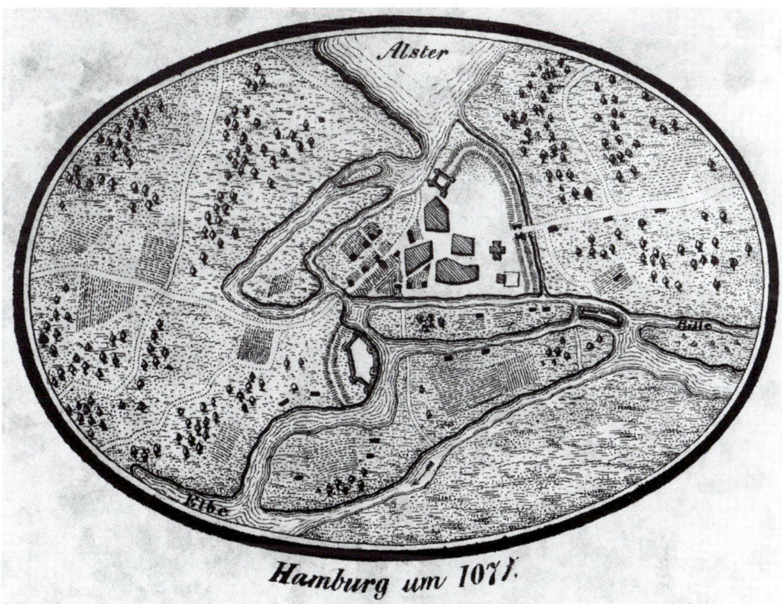

Hamburg um 1071, Kupferstich aus F. H. Neddermeyer, 1832

Das Ganze bleibt ein vager Versuch, die Topographie der Stadt darzustellen. Archäologische Befunde standen ja noch nicht zur Verfügung. Aber das Streben nach Veranschaulichung ist deutlich spürbar.

Erst Ende des 19. Jahrhunderts hat dann E. H. Wichmann seinen Atlas zur Geschichte Hamburgs mit 6 Tafeln folgen lassen, der mehrere Auflagen erlebte und von der Oberschulbehörde veranlasst worden war. Da ist nun die historisch-topographische Entwicklung der Stadt umfassender und mit historischer Tiefe dargestellt. Einen ganz anderen Weg beschreibt Peter Suhr (1788-1857), hamburgischer Maler und Graphiker, der sich mit Panoramen in- und auswärts einen Namen machte und seit 1828 überwiegend lithographisch arbeitete. „Hamburgs Vergangenheit in bildenden Darstellungen" erschien in zwei Heften mit etlichen Abbildungen, die in die Vergangenheit zurückgriffen. Es suchte das Bild der Stadt von einst darzustellen, nach textlichen Überlieferungen ins Bild zu setzen. Wenn Adam von Bremen über Erzbischof Bezelin (1035-1043) berichtet: „Außerdem wollte der edle Erzbischof seinen Erzsitz Hamburg noch mit einer Mauer und mit Türmen befestigen, doch sein früher Tod hat diese Absicht verhindert", dann hat dieses Peter Suhr ins Bild gesetzt. Gedacht waren drei Tore und zwölf Türme.

Ein Künstler sucht die Vergangenheit, und nur so dürfen wir diese Rekonstruktionsversuche werten, eben gerade bevor sich das wissenschaftliche Interesse formierte. Aber es ist bemerkenswert, mit welchem Ansatz und Interesse Suhr zu diesem Thema arbeitete.

Stand hier um die Mitte des 19. Jahrhunderts das Interesse am wahren historischen Bild, wie man es damals zu sehen glaubte, im Vordergrund des Bemühens, ging dieser Realitätsbezug am Ende des Jahrhunderts verloren. Andere Tendenzen dominierten, glorifizierten die Vergangenheit im Interesse einer nationalen Neubesinnung. Nun kam ein heroischer Zug in das Selbstverständnis einer Stadt, dem man sinnbildlich Ausdruck verleihen wollte. In Hamburg kulminierte dieses in der Gestaltung für den letzten großen historischen Festumzug, der 1909 aus Anlass des 19. Deutschen Bundesschießens des Deutschen Schüt-

Hermann de Bruycker, Entwurf: Festzugsbild „Hammaburg". Museum für Hamburgische Geschichte

zenbundes von dem Maler Hermann de Bruycker (1858-1950) gestaltet wurde. Bild 5 stellt die Hammaburg dar, dominant sind naturgemäß die Figurengruppen, im Hintergrund wird aber eine geradezu monumentale Architektur der Bistumskirche dargeboten, die reine Erfindung darstellt. Ein Realitätsbezug ist nicht erkennbar, war auch nicht beabsichtigt. Hauptanliegen war die Betonung der historischen Bedeutung, die man dem Ort zuwies.

Diese und andere, hier nicht aufgeführte Beispiele, belegen eine intensive Beschäftigung mit der Vergangenheit, die man im historisierenden Bild zurückgewinnen wollte, wozu Realitätsbezüge aber fehlten.

Als nach 1947 durch die Stadtarchäologie die Entwicklung der Stadt in partiellen Konturen besser greifbar wurde, sind nur wenige Ansätze künstlerischer Gestaltung des Werdens der Stadt gemacht worden. Verschiedene Versuche, die „Bischofsburg" bildlich wiedererstehen zu lassen, blieben im Ansatz stecken, da man das Gebäude isoliert darstellte, nicht aber in seinem – notwendigen – Umfeld. Die ganzheitliche Sichtweise eines Peter Suhr ist heute noch nicht annähernd erreicht.

Rekonstruktion des Bischofsturms innerhalb des Heidenwalles

Hamburg mit dem Laufe der Elbe, Bille und Alster vom Feendsberge übersehen im Jahre 1150, Peter Suhr, Lithographie

Hamburg, Anno 1587, vom Thurme des äußeren Dammthor's übersehen, Peter Suhr, Lithographie

Aussicht vom neuen Brook (jetzt Kehrwieder) über die Brooksbrücke 1587, Peter Suhr, Lithographie

Das Steinthor in Hamburg im Jahre 1600, Peter Suhr, Lithographie

Die heilige Geist Kirche in Hamburg. Anno 1800, Peter Suhr, Lithographie

Die St. Petri-Kirche in Hamburg, vor dem Brande (1842), Peter Suhr, Lithographie

Die St. Nicolai-Kirche in Hamburg vor dem Brande (1842), Peter Suhr, Lithographie

Die alte Börse, das Rathaus, das Commercium, der alte Krahn, die Neueburg und Bohnenstraße in der Nacht vom 5ten zum 6ten Mai 1842, Peter Suhr, Lithographie

Hinweise auf Museen

Museum für Hamburgische Geschichte

Wer wissen möchte, wie aus dem Missionskastell Hammaburg die stolze Hansestadt und das sprichwörtliche Tor zur Welt wurde, ist im Museum für Hamburgische Geschichte richtig. Das von Fritz Schumacher konzipierte und 1922 am Holstenwall eröffnete Museumsgebäude verfügt heute über die größte stadtgeschichtliche Schausammlung Deutschlands.

Auf einer Ausstellungsfläche von 7.500 qm sind dicht nur die bedeutenden Exponate der letzten 1200 Jahre zu bewundern – zahlreiche Sonderausstellungen, Museumsfeste und Europas größte Modelleisenbahn laden darüber hinaus zu einem besonderen Museumsbesuch ein.

Und mit seinem überdachten Innenhof zählt das Museum zu einem der schönsten Veranstaltungsorte Hamburgs. Neben den Ausstellungen gibt es Filme, multimediale Darstellung sowie eine umfassende Internetseite zur Information.

Allgemeine Führungen

Dienstag bis Sonntag 14.30 und 15.30 Uhr
Sonntag zusätzlich 11 Uhr

15 Uhr am Montag

Montagsmuseum – Hamburgs Geschichte entdecken: 1/2-stündige Führungen mit Wissenschaftler/Innen des Museums

Sonntags-Kinder

Kreatives Bestellprogramm für Kinder ab 4 Jahre, Sonntag 12 bis 16 Uhr

Bibliothek

Dienstag und Mittwoch 10 bis 17 Uhr

Der Shop

bietet exklusive Angebote von Publikationen zu historischen Themen und u. a. Shopartikel. wie Plakate, Postkarten, Miniaturmodelle

Restaurant Café Fees

Montag 13 bis 17 Uhr
Dienstag bis Sonntag 10 bis 2 Uhr

Holstenwall 24
20355 Hamburg
Tel. 040 – 42841 2380
Fax 040 – 42843 3103
Internet: www.HamburgMuseum.de
e-mail: info@HamburgMuseum.de
mhg@ kulturbehoerde.hamburg.de
Mo. 13 – 17 Uhr, Di. – So. 10 – 18 Uhr
Das Museum ist weitgehend behindertengerecht ausgestattet
St. Pauli: U3, Bus: 112, 36, 37

Der überdachte Innenhof des Museums

Museum für Kunst und Gewerbe

Das 1877 eröffnete Museum für Kunst und Gewerbe Hamburg zählt zu Europas führenden Häusern für Kunst- und Kulturgeschichte, Kunsthandwerk, Design und Fotografie.

China, Korea und Japan griechischrömische Antike und de Vordere Orient mit islamischer Kunst, Europa vom Mittelalter bis zur Gegenwart, angewandte Grafik und Fotografie sind in hervorragenden Beispielen zu einem überschaubaren Ganzen ausgebreitet.

Weltberühmt sind die Porzellan- und Fayence-Sammlung, die Jugendstilabteilung, die Sammlung chinesischer und japanischer Keramik,

die in Deutschland umfangreichste Gruppe künstlerischer Fotografie und die Plakatsammlung. Eine Reihe eingerichteter Räume vermittelt einen anschaulichen Eindruck von der Wohnkultur in Vergangenheit und Gegenwart.

Im Jahr 2000 wurde das Museum durch einen sechsgeschossigen Ergänzungsbau im südlichen Innenhof noch einmal wesentlich vergrößert: Der von der Hans-Otto und Engelke Schümann-Stiftung ermöglichte Schümann-Flügel zeigt die Sammlung historischer Tasteninstrumente von Andreas und Heidekine Beurmann. Das neue Forum Gestaltung widmet sich zeitgenössischen Themen.

Das Museum für Kunst und Gewerbe Hamburg versteht sich als ein modernes Museum für Gestaltung, das mit circa 30 Sonderausstellungen im Jahr seinem Publikum die vielfältigen Bezüge zwischen Epochen und Kulturen, Vergangenheit und Gegenwart veranschaulicht.

Sprechstunde

Begutachtung von Kunstgegenständen, jedoch ohne Angaben zum Marktwert
Mittwoch 14 bis 16 Uhr

Restaurant, Café „Destille“

Dienstag bis Sonntag 11 bis 17 Uhr Buffet bis 16 Uhr

Museumsshop

Hamburger Bücherstube Felix Jud & Co.
Bücher, Kataloge, Postkarten, Plakate, Kunstgewerbe, Design
Öffnungszeiten wie Museum

Steintorplatz
20099 Hamburg
Tel. 040 – 42854 2732
Fax 040 – 42854 2834
Info 040 – 42854 2630
Internet:www.mkg-hamburg.de
e-mail: servive@mkg-hamburg.de
Di.-So. 10-18 Uhr, Do. 10-21 Uhr
Hauptbahnhof: S1, S11, S21, S3, S31, S4
Hauptbahnhof Süd: U1, U3
Hauptbahnhof Nord: U2

Gaetano Pesce, Sessel „Donna“ mit Ball als Fußstütze, 1969

Museum für Völkerkunde

Das Museum für Völkerkunde Hamburg soll über alle Kulturen und Völker unserer Welt berichten. Dies ist eine gewaltige Aufgabe in einer rasch sich wandelnden Welt.

Wir wagen den Schritt weg vom Vitrinenmuseum hin zur ganzheitlichen, lebendigen Begegnungsstätte der Kulturen: Vom Betrachten zum Begegnen, vom Begegnen zum Begreifen, vom Begreifen zum Verstehen, von Verständnis zur Toleranz.

Unser Haus setzt sich mit anderen Sichtweisen auseinander, spiegelt auch unsere eigene Kultur in fremden Augen. Mit unserem vielfältigen Veranstaltungsprogramm bieten wir ein Forum für den partnerschaftlichen Austausch zwischen Menschen aller Kulturen.

Sonntagsführungen

Jeden Sonntag um 15 Uhr in der aktuellen Sonderausstellung.

Hexenarchiv

Das Hexenarchiv sammelt Unterlagen über das Phänomen des neuzeitlichen Hexenglaubens und die Erscheinungen der historischen und gegenwärtigen Hexenverfolgungen weltweit.

Es bietet ein breites Spektrum an Gesprächen und Vorträgen.
Besuche bitte nach Voranmeldung unter

Tel. 01805 308888

Hexenarchivsprechstunde:
Donnerstag 16-19 Uhr

Shop

Im Museumsshop haben wir ein umfangreiches Sortiment an anspruchsvollem Kunsthandwerk und Büchern zu ethnologischen Themen zusammengestellt.

Bibliothek

Die Präsenzbibliothek mit einem großen Bestand an alter und neuer ethnologischer Literatur steht allen Besuchern des Museums zur Verfügung.

Restaurant Mondial

Im ausgebauten Innenhof des Museums.
Dienstag bis Sonntag 10 – 18 Uhr
Donnerstag bis 21 Uhr geöffnet

Rothenbaumchaussee 64
20148 Hamburg
Tel. 01805 308888
Fax 040 – 42848 2242
Internet: www.voelkerkundemuseum.com
e-mail:
marketing@voelkerkundenmuseum.com
Di.-So. 10-18 Uhr, Do. 10-21 Uhr
Dammtor: S11, S21, S31
Hallerstraße: U1
Bus 34

Der Gott Krishna als Kind, Indien, 19. Jahrhundert

Helms-Museum

Wenn Sie sich für die Archäologie Norddeutschlands interessieren und Geschichte für Sie spannend ist, dann sind Sie im Helms-Museum, dem Hamburger Museum für Archäologie, herzlich willkommen.

Das über 100 Jahre alte Museum in Hamburgs Süden bietet Ihnen in seinen erst kürzlich neu eröffneten Ausstellungsräumen einen interessanten Einblick in 100.000 Jahre Geschichte unserer Region.

Aber nicht nur Archäologie ist unser Thema, sondern auch die Geschichte des größten Stadtteils Hamburgs – nämlich Harburg. In der „Alten Feuerwache" finden Sie zahlreiche Exponate, welche die facettenreiche Geschichte dieses Stadtteils belegen.

Thematisch abwechselnde und spannende Sonderausstellungen zu Archäologie, Kunst und Stadtgeschichte laden zu Extra-Besuchen in unser Haus ein. Der Museumsshop im Gebäude der archäologischen Dauerausstellung sorgt mit seinem großen Angebot an Literatur und Schmuckrepliken von bedeutenden Hamburger Funden für aufregende Entdeckungen auch nach dem Ausstellungsbesuch.

Abwechslungsreiche Museumsgespräche und Mitmachaktionen für Jung und Alt wie Brotbacken in der Steinzeit, die „Herstellung von Feuersteingeräten", Bronzegießen und Stadtrundgänge, aber auch Geburtstagsfeiern sorgen für fesselnde und lehrreiche Unterhaltung im Museum. Bei Veranstaltungen in unserem Hause sorgt bei Bedarf ein Catering-Service für Ihr leibliches Wohl.

Archäologische Dauerausstellung

Helms-Museum,
Harburger Rathausplatz 5
21073 Hamburg
Tel. 040 –42871 2497
Internet: www.helmsmuseum.de
e-mail: info@helmsmuseum.de
Öffnungszeiten
Di – So 10 – 17 Uhr

Rentierjäger der Eiszeit, Inszenierung in der Dauerausstellung des Helms-Museums

Darboven-Kaffeeladen von 1895
(Alte Feuerwache)

Sonderausstellungen

Museumsplatz 2
21073 Hamburg
Tel. 040 – 42871 3609
Fax 040 – 42871 2684

Stadtgeschichtliche Dauerausstellung

Dependance Alte Feuerwache
Hastedtstraße 30-32
21073 Hamburg
Tel. 040 – 42871 2631
Öffnungszeiten
Di – So 10 – 17 Uhr

Museumspädagogik

Tel. 040 – 42871 3882
Fax 040 – 41871 2783

Wissenschaftliche Sprechstunde

zur Begutachtung von
Sammlungsgegenständen
Mittwochs 14 bis 16 Uhr

Bibliothek

Tel. 040 –42871 3681
Harburg Rathaus: S 3, S 31

Bischofsturm

„Steinernes Haus" des Erzbischofs
Bezelin-Alabrand, 11. Jahrhundert.
Speersort 10
10095 Hamburg (Altstadt)
Tel. 040 – 325 740 27
Mo.- Fr. 10-13 Uhr u. 15-17 Uhr
Sa. 10-13 Uhr
Rathaus: U3, Messberg: U1
Jungfernstieg: U1, U2, S1, S2, S3

Museum der Arbeit

Das Museum stellt dar, wie sich die Arbeits- und Lebensbedingungen seit der Industrialisierung verändert haben. Es fragt nach den sozialen, kulturellen und ökologischen Auswirkungen der technischen Entwicklung und berücksichtigt auch die gesellschaftliche und private Arbeitsteilung zwischen Mann und Frau. Auf drei Etagen zeigen wir die Arbeitsbedingungen in typischen Hamburger Betrieben, z. B. in einem Handelskontor oder einer Anstecknadelfabrik. Am Beispiel der New-York-Hamburger Gummi-Waaren-Compagnie, in deren Gebäude unser Museum seinen Standort gefunden hat, wird der Weg vom Kautschuk zum Kamm dargestellt. Einen weiteren Schwerpunkt stellen die Mechanisierung und das Ende des Buchdrucks dar. Auf dem Museumshof hat TRUDE ihren Platz gefunden: Das Schneidrad der größten Schildvortriebsmaschine der Welt bohrte die 4. Elbtunnelröhre. Das Museum der Arbeit versteht sich als „lebendiges Museum" und bietet deshalb viele Möglichkeiten zum Selber- und Mitmachen. Die Besucherinnen und Besucher können in der hauseigenen historischen Druckerei eigenes Briefpapier und Visitenkarten herstellen oder können Anstecknadeln stanzen und emaillieren.

Öffentliche Führungen
Mittwoch 12 Uhr zu wechselnden Themen der Sammlungsschwerpunkte.

Vorführungen
Samstag 15 Uhr, Sonntag 13.30 und 15 Uhr finden Vorführungen bestimmter Arbeitsgeräte und -techniken statt. Das aktuelle Programm wird im monatlichen Faltblatt und auf unserer Hompage bekannt gegeben.

Museumsladen

Im Foyer des Museums. Großes Angebot an Büchern, Plakaten, Postkarten und anderen Druckerzeugnissen, die z. T. im Museum auf historischen Maschinen hergestellt werden. Außerdem Emailleschilder, Spiele, Taschen, Regenschirme, TRUDE-Uhr.

Fabrik-Café

Im Foyer des Museums. Wir bieten Ihnen warme und kalte Getränke, Kuchen und kleine Imbisse an.

Bootsanleger

Das Museum der Arbeit verfügt über einen eigenen Bootsanleger, an dem Sie festmachen können. Zu bestimmten Terminen steuern uns auch die Alsterdampfer vom Jungfernstieg aus an. Die Termine entnehmen Sie bitte unserer Homepage. Gruppen können nach telefonischer Absprache Sonderfahrten buchen.

Event Marketing

Der ca. 650 qm große Sonderausstellungsraum sowie eine etwa gleich große Fabrikhalle im Nachbargebäude können für 50-400 Personen für unterschiedliche Zwecke gemietet werden. Tel. 040 – 42832 3177, Fax 040 – 42832 2033

Kulturflohmärkte

Die Termine für die über die Region Hamburg hinaus bekannten Kulturflohmärkte entnehmen Sie bitte unserem Faltblatt oder der Homepage.

Wiesendamm 3, 22305 Hamburg
Tel. 040 – 42832 2364/2419
Fax 040 – 42832 3179
Internet: www.museum-der-arbeit.de
e-mail:info@museum-der-arbeit.de
Mo 13 – 21 Uhr
Di – Sa 10 – 17 Uhr, Sonn- und Feiertage 10 – 18 Uhr
Barmbek: U2, U3, S1, S11

Speicherstadtmuseum

In einem über 100 Jahre alten typischen Hamburger Lagerhaus mitten in der Speicherstadt können Sie sich ein Bild von der Arbeit der Quartiersleute machen. Wir informieren Sie über die Baugeschichte der Speicherstadt, einem einzigartigen Lagerhausensemble. In unserer „Kaffeeklappe" können Sie Kaffee- und Teespezialitäten aus der Hansestadt probieren. Jeden Sonntag um 11 Uhr bieten wir eine

Führung an: „Die Speicherstadt als Baudenkmal und Arbeitsort". Treffpunkt Zollstation Kornhausbrücke.

Speicher der Fa. Eichholtz & Cons.
St. Annenufer 2, 20457 Hamburg
Tel. 040 – 32 11 91, Fax 040 – 32 13 50
Internet: www.Speicherstadtmuseum.de
Di.-So. 10-17 Uhr, Messberg: U1,
Rathaus: U3
Jungfernstieg: U1, U2, S1, S2, S3

Museum am Hafen

An verschiedenen Orten in Hamburg sind unsere (Wasser-) Fahrzeuge zu sehen, die in den letzten Jahrzehnten im Hafen eingesetzt worden sind. Fast alle Großobjekte sind nicht in Funktion und werden regelmäßig vorgeführt. Zu besonderen Terminen werden Fahrten mit den Museumsschiffen angeboten. Die Termine entnehmen Sie bitte dem Monatsprogramm oder der Homepage. Führungen und Veranstaltungen für Gruppen nach telefonischer Absprache:
Tel. 040 – 42832 2364/2628

Schwimm-Dampfkran „Saatssee"

Vorführungen und Aktivitäten: Betrieb der Dampfanlage, Budelschiff-Bau, Knoten und Spleißen, Dampfseminare, Führungen, Vermietung.

Museumshafen Oevelgönne

Anleger Neumühlen, 22763 Hamburg
Di.-Fr. 14–18 Uhr, Sa – So. 10-18 Uhr
April bis Oktober,
Bus:112, 62

Sauger IV

Pumpgerät zum Abtransport von Baggergut aus dem Hafenbau. Besichtigung nur nach Vereinbarung. Kasten-Schute – Nikolaifleet.
Von Mai - Oktober: jeden ersten Sonntag im Monat von 11-17 Uhr.

Im Laderaum der Schute Ausstellung über die Arbeit der Ewerführer.
Van-Carrier – Hafenstraße.
Besichtigung nach Vereinbarung.

Hafenstreifenboot

Alfred Wachholz (max. 24 Pers.)

Unterelbestreifenboot Elbe I

(max. 40 Pers.)
Anmeldung und Vermietung für beide Boote: Verein für ehemalige Wasserschutzbarkassen e. V. unter
Tel. 040 – 640 53 98

Museumsschiffe

Walter Hävernick, Otto Lauffer und Karl Friedrich Stehen. Drei fahrtüchtige Museumsschiffe, die im Museumshafen Oevelgönne vor Anker liegen und für Feste und Veranstaltungen angemietet werden können.
Museumshafen Oevelgönne
Anleger Neumühlen
22763 Hamburg
Tel. 040 – 2295 400,
Bus: 112, 62

Plakat zur Hebung der Arbeitsmoral um 1950

Literaturverzeichnis

Geschichte

JÜRGEN BOLLAND: Hamburg wie es einmal war. An Hand eines Kupferstiches von Arnoldus Pitersen aus dem Jahre 1644, Hamburg 1953.

JÜRGEN BOLLAND, Hamburgs Weg zur Großstadt, Pläne und Ansichten zur historischen Topographie. In: Hamburg. Großstadt und Welthafen, Kiel 1955, S. 131-141.

JÖRGEN BRACKER, „Das Brauhaus der Hanse". Jahrbuch der Gesellschaft für die Geschichte und Bibliographie des Brauwesens E. V. 1989/1999, S. 212-220.

JÖRGEN BRACKER, Hamburgs Weg zur Hansestadt. In: Jörgen Bracker (Hrsg.), Die Hanse. Lebenwirklichkeit und Mythos. Eine Ausstellung des Museums für Hamburgische Geschichte in Verbindung mit der Vereins- und Westbank. Bd. 1 (Hamburg 1989), S. 241-245.

JÖRGEN BRACKER, Die bauliche Entwicklung der Stadt Hamburg im 13. Jahrhundert. In: Volker Plagemann (Hrsg.), Die Kunst des Mittelalters in Hamburg. Aufsätze zur Kulturgeschichte (Hamburg 1999),S. 50-59.

HARTMUT FREYTAG, Hamburgum. Über ein Einblattdruck auf die Stadt von 1595. In: Zeitschrift des Vereins für Hamburgische Geschichte, Bd. 83/2, Hamburg 1997, S. 39-49.

ELKE FÖRST / BABETTE LUDOWICI, Das archäologische Stadtkataster – ein Beitrag zur Stadtarchäologie Hamburgs. In: Zeitschrift des Vereins für Hamburgische Geschichte, Bd. 85, Hamburg 1999, S. 1-17.

KURT FERBER, Der ursprüngliche Lauf von Alster und Elbe in der Hamburger Stadtmarsch. Mitt. d. geogr. Gesellschaft 34, 1922, S. 3-19.

CIPRIANO FRANCISCO GAEDECHENS, Historische Topographie der Freien und Hansestadt Hamburg und ihre nächste Umgebung von der Entstehung bis auf die Gegenwart. Hamburg 1880.

MATTHIAS GRETZSCHEL, Elbspaziergänge. Hamburg 1999.

JOIST GROLLE, Eine Republik wird besichtigt. Das Hamburg-Bild des Aufklärers Jonas Ludwig von Heß. In: Zeitschrift des Vereins für Hamburgische Geschichte, Bd. 79, Hamburg 1993, S. 1-36.

MAIKE HANF, Hamburgs Weg in die praktische Unabhängigkeit vom schauenburgischen Landesherrn. Beiträge zur Geschichte Hamburgs Bd. 31 (Hamburg 1986).

ECKHART HANNMANN, Großstadt und Denkmalpflege. In: Denkmalschutz und Denkmalpflege in der Freien und Hansestadt Hamburg, 2001, S. 5ff.

HERMANN HIPP, Freie und Hansestadt Hamburg. Geschichte, Kultur und Stadtbaukunst an Elbe und Alster, Köln 1990.

WALTHER LAMMERS, Das Hochmittelalter bis zur Schlacht von Bornhöved. Geschichte Schleswig-Holsteins 4, 1 (Neumünster 1981).

TORSTEN LÜDECKE, Stade und Hamburg, Entwicklung ihrer Hafen- und Stadttopographie im Mittelalter. Eine vergleichende Skizze. Stader Jahrbuch 89/90, 1999/2000, S. 40-74.

FRIEDRICH LÜTH, Neue Forschungen in der Hamburger Altstadt, HH-Altstadt, Fundplatz 77. In: Ralf Busch (Hrsg.), Bodendenkmalpflege in Hamburg. Veröffentlichungen des Hamburger Museums für Archäologie und die Geschichte Harburgs. Helms-Museum 56 (Neumünster 1989), S. 35-47.

HELMUT PUFF, Die Gewerbe-Topographie des mittelalterlichen Hamburg. In: Jörgen Bracker (Hrsg.), Die Hanse. Lebenwirklichkeit und Mythos. Eine Ausstellung des Museums für Hamburgische Geschichte in Verbindung mit der Vereins- und Westband. Bd. 1 (Hamburg 1989), S. 246-247.

HEINRICH REINCKE, Hamburg. Am Vorabend der Reformation, Hamburg 1966.

KLAUS RICHTER, Hamburgs Frühzeit bis 1300. In: Hans-Dieter Loose (Hrsg.). Hamburg. Geschichte der Stadt und

ihrer Bewohner. 1: Von den Anfängen bis zur Reichsgründung (Hamburg 1982), S. 17-100.
CARL SCHELLENBERG, Das alte Hamburg, Hamburg 1975.
HEINO GERD STEFFENS, Die Ausgrabungen an der „Neuen Burg" (1953/54). Hamburgische Geschichts- und Heimatblätter 15, 1955, S. 283-286.
GERHARD THEUERKAUF, Von Kaiser Friedrich Barbarossa zum „Barbarossa-Privileg". Politik der Stadt Hamburg in der Stauferzeit. In: Volker Plagemann (Hrsg.), Die Kunst des Mittelalters in Hamburg. Aufsätze zur Kulturgeschichte (Hamburg 1999), S. 39-49.
RALF WIECHMANN, Graf Adolf IV. von Holstein. In Volker Plagemann, Das Mittelalter in Hamburg. Kunstförderer, Burgen, Kirchen, Künstler und Kunstwerke. Vorträge der Stiftung Denkmalpflege Hamburg Bd. 1 (Hamburg 2000), S. 29-40.

Archäologie

BEATE BINDER, Illustriertes Recht. Die Miniaturen des Hamburger Stadtrechts von 1497, Hamburg 1988.
DIETRICH BOHNSACK, Die „Bischofsburg" am Speersort in Hamburg. Hammaburg NF 7, 1984-85 (1986), S. 147 ff.
DIETRICH BOHNSACK, Die „Bischofsburg" am Speersort in Hamburg. Hammaburg NF 7, 1986, S. 147-162.
RALF BUSCH, (Hrsg.), Bodendenkmalpflege in Hamburg, Neumünster 1989 (Mit Bibliographie zur Mittelalterarchäologie Hamburgs).
RALF BUSCH, (Hrsg.), Domplatzgrabung in Hamburg. Teil I (Neumünster 1995) (mit Arbeiten von Ralf Busch, C. Schulz u. a.).
RALF BUSCH, Stadtarchäologie in Hamburg - Eine Bilanz im Jahre 1995. In: Lübecker Kolloquium zur Stadtarchäologie um Hanseraum 1, Lübeck 1997, S. 171-180.
RALF BUSCH, (Hrsg.), Verborgene Schätze in den Sammlungen. 100 Jahre Helms-Museum, Neumünster 1998.
RALF BUSCH, Die Kunst des Mittelalters in Hamburg. Die Burgen. Hamburg o. J. (1999).
RALF BUSCH, Johanna Mestorfs Wirken am Hamburger Museum für Völkerkunde (im Druck).
RALF BUSCH UND OLE HARCK (Hrsg.), Domplatzgrabung in Hamburg. Teil II (Neumünster 2002) (mit Arbeiten von O. Harck, T. Kempke, M. Weidner u. a.).
PETER DONAT, Haus, Hof und Dorf in Mitteleuropa vom 7.-12. Jahrhundert, Berlin 1980.
GÜNTER P. FEHRING, Zur archäologischen Hausforschung in der Hansestadt Lübeck. Aspekte im Rahmen einer interdisziplinären Stadtkernforschung. In: Jahrbuch für Hausforschung 35, 1986, S. 9-24.
MARTIN GENSLER, Das letzte mittelalterliche Haus in Hamburg, in: Mitteilungen des Vereins für Hamburgische Geschichte 3, 1880, S. 105-111.
ANTJEKATHRIN GRASSMANN, Das Wachstafel-Notizbuch des mittelalterlichen Menschen. In: Zur Lebensweise in der Stadt um 1200. Ergebnisse der Mittelalter-Archäologie. Zeitschr. Arch. MA, Beih. 4, Bonn 1986, S. 223-235.
HERMANN HIPP, Die Entmischung der Funktionen. Citybildung in Hamburg als Wandel des Stadtbildes. Jahrbuch für Hausforschung 35, 1986.
HERBERT JANKUHN, KURT SCHIETZEL UND HANS REICHSTEIN (Hrsg.), Archäologische und naturwissenschaftliche Untersuchungen an ländlichen und frühstädtischen Siedlungen im deutschen Küstengebiet vom 5. Jahrhundert v. Chr. bis zum 11. Jahrhundert n. Chr., Bd. 2, Weinheim 1984.
FRIEDRICH LAUX, Die Entstehung Hamburgs in sächsischer Zeit. In: Die Kunst des Mittelalters in Hamburg, hrsg. v. V. Plagemann, Hamburg 1999.
GABRIELE LEGANT-KARAU, Mittelalterlicher Holzbau in Lübeck an der Schwelle vom ländlichen zum städtischen Siedlungsgefüge. In: Archäologisches Korrespondenzblatt 24, 1994, S. 333-345.
VOLKER SCHIMPFF, Zu einer Gruppe hochmittelalterlicher Schreibgriffel. Alt-Thürigen 18, 1983, S. 213-260.
REINHARD SCHINDLER, Die hamburgische Keramik des 8.-12. Jahrh. als Ge-

schichtsquelle. Hammaburg VII/VIII, 1951/52, S. 115-131.
REINHARD SCHINDLER, Ausgrabungen in Alt Hamburg, Hamburg 1957.
REINHARD SCHINDLER, Hamburgs Beitrag zur nordwestdeutschen Burgwall-Forschung im Rahmen der Stadtarchäologie. In: Hammaburg 5, 1957, S. 61-84.
REINHARD SCHINDLER, Die Bodenaltertümer der Freien und Hansestadt Hamburg. Veröffentlichungen des Museums für Hamburgische Geschichte. Abteilung Bodendenkmalpflege I (Hamburg 1960) mit weiterer Literatur.
REINHARD SCHINDLER, Blockhäuser des 10. Jahrhunderts am Hamburger Dornbusch. In: Hammaburg 7, 1961, S. 99-106.
WOLFGANG SCHLÜTER, Zwei hochmittelaterliche Schreibgriffel aus dem Osnabrücker Land. Zeitschr. Arch. MA 14/15, 1986/87, S. 167-171.
HEINO-GERD STEFFENS, Die Ausgrabungen in der Großen Bäckerstraße. In: Hammaburg 3, 1952, S. 103-114.
HEINO-GERD STEFFENS, Die spätmittelalterliche Keramik der Hamburger Altstadt, Hammaburg XII, 1958, 203-209.
HEINO-GERD STEFFENS, Schichtausgrabungen in der Großen Reichenstraße zu Hamburg 1953-54. In : Hammaburg 4, 1955, S. 105-118.
HEIKO STEUER, Mittelalterliche Messerscheidenbeschläge aus Köln. Hammaburg NF 9, 1989, Festschrift für Wolfgang Hübener, S. 231-246.
E. H. WICHMANN, Grundmauern und Baureste, welche in der Baugrabe des neuen Rathauses und des Börsenneubaues in Hamburg gefunden sind, Hamburg 1888.
W. HAIO ZIMMERMANN, Pfosten, Ständer und Schwelle und der Übergang vom Pfosten zum Ständerbau – eine Studie zu Innovation und Beharrung im Hausbau. In: Probleme der Küstenforschung im südlichen Nordseegebiet 25, 1998, S. 9-241.

Kirchen

CLAUS AHRENS, Die frühen Holzkirchen Europas, Stuttgart 2001.
RALF BUSCH, Ein Papst in Hamburg, Hamburg 1999.
RALF BUSCH, Die Kreuzfibel aus der Grabung auf dem Hamburger Domplatz. Archäologischen Zellenwerk. Festschrift für Helmut Roth. Rahden 2001, S. 541-543.
JOIST GROLLE, Ein Stachel im Gedächtnis der Stadt. Der Abriss des Hamburger Doms. Zeitschrift d. Vereins für Hamburgische Geschichte 84, 1998, S. 1-50.
KAI MATHIEU, Der Hamburger Dom, Hamburg 1973.
VOLKER PLAGEMANN, Versunkene Kunstgeschichte. Die Kirchen und Künstler des Mittelalters in Hamburg, Hamburg 1999.
BRIGITTE WAVRA, Salzburg und Hamburg. Erzbistumsgründung und Missionspolitik in karolingischer Zeit, Berlin 1991.

Baudenkmäler

THEODOR BÜLAU, Das Haus der patriotischen Gesellschaft in Hamburg oder: Einiges über einen Neubau. Hamburg 1849.
BRANDT, Das Hamburger Rathaus. Eine Darstellung seiner Baugeschichte und eine Beschreibung seiner Architektur und künstlerischen Ausschmückung, Hamburg 1957.
GEORG DEHIO, Handbuch der Deutschen Kunstdenkmäler Hamburg Schleswig-Holstein, Neubearbeitung, München, Berlin 1994.
JOIST GROLLE, Das Rathaus der Freien und Hansestadt Hamburg, Hamburg 1997.
HUGO GROOTHOFF, Das Patriotische Gebäude, sein Erbauer Theodor Bülau und der diesjährige Umbau des Hauses, Hamburg 1898.
GÜNTHER GRUNDMANN, Großstadt und Denkmalpflege, Hamburg 1960, S. 152.
I. HANSEN, Hamburger Bau- und Kulturdenkmale. Innenstadt und Hafenrand. Herausgegeben von der Kulturbehörde/Denkmalschutzamt, Hamburg 1989.
GERNOD KRANKENHAGEN (Hrsg.) Historische Stadtrundgänge. Kaufmannhäuser, Speicher und Kontore – von der Deichstraße zur Speicherstadt. Her-

ausgegeben vom Museum der Arbeit, Hamburg 1989.

Hermann Hipp, Das Rathaus der Freien und Hansestadt Hamburg. In: Das Rathaus im Kaiserreich. Kunstpolitische Aspekte einer Bauaufgabe des 19. Jahrhunderts, Berlin 1982, S. 179 ff.

Hermann Hipp, Freie und Hansestadt Hamburg, DuMont Kunst-Reiseführer, Köln 1990.

Hermann Hipp, Freie und Hansestadt Hamburg. Geschichte, Kultur und Stadtbaukunst an Elbe und Alster DuMont Kunst-Reiseführer, Köln 1990 (2. Auflage).

Evi Jung-Köhler, Verlust und Chance, Hamburg 1842, Stadtmodernisierung beim Wiederaufbau nach dem Großen Brand, Veröffentlichungen des Vereins für Hamburgische Geschichte, Bd. 37 (Hamburg 1991).

Ralf Lange, Architekturführer Hamburg, Stuttgart 1995.

Hans Mann, Der Umbau des „Patriotischen Gebäudes" in Hamburg für den Überseeklub. Die Bauwelt 16, 1925. Das Haus der Patriotischen Gesellschaft (Hamburg o. J.).

Melhop, Historische Topographie der Freien und Hansestadt Hamburg von 1880 bis 1895, Hamburg 1895.

Günther Kokkelind, Gutachten zur Denkmalwürdigkeit des Hauses Ferdinandstraße 63, Manuskript, Sachakte Denkmalschutzamt Hamburg, Hannover 1978.

Wolfgang Rudhard, Das Bürgerhaus in Hamburg, Tübingen 1975, S. 67.

Ilse Rüttgerodt-Riechmann, Beim Zippelhaus 2. In: Historische Stadtrundgänge. Kaufmannshäuser, Speicher und Kontore – von der Deichstraße zur Speicherstadt, Herausgegeben vom Museum der Arbeit, Hamburg 1989, 28 ff.

Abbildungsnachweis

Landesmedienzentrum Hamburg:
S. 9, 87, 88, 91, 92, 95, 96, 99, 100, 103, 107, 108, 111, 114, 118, 119, 121, 125
Museum für Hamburgische Geschichte:
S. 12, 30, 59, 134, 144
Hamburger Kunsthalle (E. Walford):
S. 13, 14, 15
Helms-Museum Hamburg-Harburg:
S. 17, 25, 34 (O. Harck), 38 (O. Harck), 41, 42, 43, 44, 45, 46, 47, 48, 49, 50, 51, 63 (D. Schumacher), 65, 69 (M. Weidner), 70, 72 (K. Elle), 75, 76, 78, 79, 81 (C. Meyenburg), 82, 83, 84, 85, 132, 133, 135, 136, 137, 138, 139, 140, 141, 142, 143, 147 (K. Elle), 148 (K. Elle)
Staatsarchiv Hamburg:
S. 20, 53, 54, 56, 57, 58
Museum für Hamburgische Geschichte:
S. 24
Staats- und Universitätsbibliothek Hamburg: S. 26
Kraichgau-Verlag: S. 115, 116
Kober-Verlag: S. 127, 128, 129, 130, 131
Museum für Kunst und Gewerbe Hamburg: S. 145
Museum für Völkerkunde Hamburg: S. 146
Museum der Arbeit Hamburg: S. 150

Führer zu archäologischen Denkmälern in Deutschland
Lieferbare Bände:

Band 2: Kreis Herzogtum Lauenburg II (1983)
Band 18: Saar-Pfalz-Kreis (1988)
Band 21: Duisburg und der untere Niederrhein (1990)
Band 23: Berlin und Umgebung (1991)
Band 25: Der Kreis Siegen-Wittgenstein (1993)
Band 28: Südliches Thüringen (1994)
Band 29: Der Landkreis Rottweil (1995)
Band 31: Stadt und Landkreis Oldenburg (1995)
Band 32: Leipzig und sein Umland (1996)
Band 33: Ulm und der Alb-Donau-Kreis (1997)
Band 34: Das Braunschweiger Land (1997)
Band 35: Ostfriesland (1999)
Band 36: Heidelberg, Mannheim und der Rhein-Neckar-Raum (1999)
Band 37: Potsdam, Brandenburg und das Havelland (2000)
Band 38: Die Stadt Soest. Archäologie und Baukunst (2000)
Band 39: Der Kreis Soest (2001)
Band 40: Das römische Trier (2001)
Band 41: Hamburg Altstadt (2002)

...neu bei

Theiss

Archäologische Denkmäler in Deutschland

rekonstruiert und wieder aufgebaut

In diesem reich ausgestatteten Band erörtert der Autor alle mit der Rekonstruktion historischer Bauten verbundenen Aspekte und stellt verschiedene Möglichkeiten der Präsentation archäologischer Grabungsstätten in Wort und Bild vor: von der Restaurierung bis zu Rekonstruktionen, vom »archäologischen Experiment« bis zum publikumswirksamen historischen Spektakel.
Der zweite Teil des Buches stellt über **100 sehenswerte** rekonstruierte und wieder aufgebaute archäologische **Denkmäler in Deutschland** vor. Von Hartwig Schmidt. 160 S., 250 farbige Abb.

Die Wikinger

Geschichte und Kultur eines Seefahrervolkes

Dieses von international renommierten Wissenschaftlern verfasste Buch präsentiert eine wegweisende Darstellung der Wikinger

und ihrer Zeit. Dabei werden die **neuesten Forschungsergebnisse** berücksichtigt: Ausgrabungen liefern faszinierende archäologische Ergebnisse, die in diesem reich illustrierten Band beschrieben werden.
Das neue Standardwerk – ein fesselnder, reich bebilderter Überblick zu den Wikingern. Herausgegeben von Peter Sawyer. Mit Beiträgen von 10 internationalen Fachleuten. 336 S., ca. 140 SW-Abb., 35 Farbfotos.

THEISS